山下保博
みすてられたもの

山梨知彦
そこいらにあるもの

水野吉樹
うつろいゆくもの

地域素材利活用
チソカツの術

鹿島出版会

はじめに

私たちが手にしたモノは何だろう。

私たちが失なったモノは何だろう。


18世紀に、人々の平等と幸せを願う中で、私たちは機械を手に入れた。

19世紀は、その機械の力を大きく、強くし、世界中に広げていった。

20世紀の前半には、その機械の力で、世界中を幸せにできるとみんなが夢を見た。

20世紀の半ばには、その機械を動かすためのエネルギーの奪い合いが始まり、何百万人もの人々が亡くなった。


20世紀後半には、人の力と機械の力が逆転した中、情報という見えない力が急速に伸びていった。

その情報のスピードの早さと力の巨大さに私たちは戸惑ってしまった。そして、モノを生み出すための元となる素材や愛情の力を忘れかけてしまった。

21世紀の前半には、個性のない同じような場所がたくさん生まれた。

機械を動かすためのエネルギーを使うことで、すべての生命の源となる地球が汚れてしまった。

力を持つものと持たないものの格差が18世紀前以上に広がったことに気づいてしまった。

私たちに必要なものは、「バランス」なのだ。


すべてのモノやコトが片寄っては存在し得ないように。

地球が太陽との絶妙な距離のバランスで存在しているように。

再度、素材や愛情を身近かに引き寄せ、どのようなバランスで維持するかを考え直そう。その中で、必要なモノと必要でないモノ、そして、新しく付け加えるモノを見直そう。

日本は素材と愛情、そして自然とうまくバランスを取りながら生きてきたから。


そして、そのバランス感覚を保つために、先人たちは「知恵」を生み出した。


南北に３０００㎞と長い日本だからこそ、四季がハッキリとした日本だからこそ知恵は発達した。

四方ともに海に囲まれている極東の島だからこそ、知恵は昇華されてきた。

それは、日本の大事な宝の一つなのだ。

２０１１年３・11の出来事は、私たちが立ち止まり、私たちのことを真剣に考える機会となった。何故なら、失なったモノがあまりにも大きく、多いからだ。

しかし、失なったモノ以上に多くの良さも発見した。

人と人とのつながりや愛情こそが生きる力となることを、前に進むための夢を持つことが私たちを元気にするということを。


今私たちは、再スタートのターニングポイントに立ったのだ。


先人たちがこれまでに培ったバランスや知恵や素材や愛情を見直そう。

新しく発展してきた見えない情報の力を私たちの新しいツールとして使いこなそう。そこに、次の時代の匂いを感じるはずだ。


それは、難しいことではないはずだ。

あなたの身の回りにあるモノを新しい視点で見つめることだから。

すべてに、個性があると認めてしまえば良いのだから。

道端に咲く野の花に美しさが宿るように、手を引くその幼子に無限の可能性があるように、塩水を被った土にさえ役割があるように。


捨てられているゴミは、何故、捨てられているのだろう。

その源となっている素材はダメになったのだろうか？
人々が決めた使い方を終えただけなのに。
それは、その素材にとっては、ほんの一部分であるはずなのに。
バランスを保ち、知恵を持って、私たちが手にしたモノを見直そう。
バランスを保ち、知恵を持って、私たちが失なったモノを見直そう。

一般社団法人　地域素材利活用協会（チソカツ）代表理事　山下保博

目次

第1章

みすてられたもの

山下保博

とかく脇役として捉えられがちな素材を、僕は、建築の〝主役〟にしたい。素材には、まだ見ぬ可能性が大いに潜んでいるのだから

地域素材利活用協会――通称「チソカツ」。

この組織が掲げる目的は、「様々な地域に眠っている素材や構法を再編集・新開発することで、その地域に仕事をもたらすこと」だ。発起人であり、代表理事を務める山下保博氏は、例えるなら冒険者のような建築家で、常に〈新たな資源・価値の創出〉を求めて奔走してきた。建築においては、素材や構造、構法の独自開発に取り組み、また、建築を介しての地域経済活性化にも挑み続けている。チソカツは、それらの活動を日本全国、世界に広げるために誕生したプラットフォームで、枢軸にあるのは、「建築を通して社会を幸せにしていく」という真正なる思いだ。

＊

「20世紀ってどういう時代だったか?」と振り返ってみると、グローバルという名の下、すべてが工業化されてきた。経済はもちろん、建築さえも。社会の進展に寄与した面は当然あるけれど、でも、悪かったこともある。地域のモノが失われてしまったこと、忘れ去られてしまったこ

と。素材も同様で、建築はどこを見てもコンクリートと鉄とガラスでできている。それって、何か違うでしょう。21世紀は、近代100年への反省を踏まえ、地域の素材やモノを生かし、ひいては地方再生につなげていく……そうあるべきです。

そんな僕の思いをさらに後押ししたのは、プリツカー賞の動きです。中でも、受賞者であるピーター・ズントーやワン・シュウを見ていて、向かう先に同じものを感じたのです。「地方の時代だ」という単なる論ではなく、「そこにあるものを使って、その場所をどう生かすか」の実践化。これからは絶対、そういう時代に入るだろうって。僕の感覚は間違っていないと思えたし、ならば、個人で建築に反映させるだけじゃなく、日本全国、世界にまで活動を広めたいと考えるようになったのです。

となると、一人では無理。僕は、それまでも素材や構造開発において、企業や大学などと協働を重ねてきたので、人の知恵と力の融合が生み出すもののすごさ、素晴らしさを知っている。だからチソカツは、建築家、研究者、企業、行政と、産官学を交えたプラットフォームになっています。建築家にしても得意ジャンルが違う人や、僕とは足場の違うゼネコンや組織設計事務所で活躍する人たちも巻き込んだ（笑）。頭で考える人々、現実化する人々があらゆる枠を超えて力を合わせれば、必ず新しい波を起こせると思うのです。

＊

山下氏が素材を好むのは、「まだ見ぬ可能性がたくさん潜んでいる」と考えるから

だ。その可能性を引き出すには、地域に根差している素材をどう再編集していくかが肝になる。常にその視点に立ち、素材開発に臨む一方で、山下氏は早くから「素材から構造へ」の取組みにも挑んできた。２０００年代前半のものとしては、産学との共同開発で特許を取得した「ガラスブロックシリーズ」や、アルミ・木・ＲＣとＰＣ工法を融合させた「ＰＣ工法シリーズ」などが挙げられる。

＊

僕の原点は、生まれ育った奄美大島にあるんですよ。豊かな自然を湛える奄美は、砂、土、石、そして動植物……と、まさに素材の宝庫。ここで育ったことは、間違いなく僕の礎になっています。そして、出会った師匠から受けた影響も大きい。素材に強烈なこだわりを持つ齋藤裕さん、同様に素材に興味を持ち、メーソンリーをやられる近藤春司さん。彼らの下で修業した僕は、他の建築家にはない資質を授けてもらったのかもしれません。

さらに導かれたのが、独立して最初に手がけた地方の住宅でした。宮城県松島町に建てた「松島の望楼」。つまり31歳の時に、いきなり地域と向き合わざるを得ない仕事を経験したわけです。その時考えたのは、やはり地域の伝統や文化を踏まえたものにしようということ。結果、地域の土を使い、住宅の屋根には、国内唯一の産地として有名な雄勝町の天然スレートを用いました。組んだ職人さんも雄勝の人たちで、彼らや素材と対話しながら1棟目をつくったというのは、僕にとってすごくいい経験になりました。

素材をきっちり構造にしようと、最初に意識したのは「木フレームの家」ですね。構造家の岡村仁さん、東大の腰原研究室とのコラボレートで開発した木造3階建て金物なし構法。この建築が引き金となって開発する楽しみを知り、コンクリートやアルミ、木造にもＰＣ工法化を展開させました。

次がガラスブロックの構造で、これは構造家の佐藤淳さん、大学、企業と組んで開発したものです。きっかけとなったのは「クリスタル・ブリック」という住宅。クライアントが「水晶のような」というイメージを持っていたんですね。僕は学生の頃からピエール・シャローの「ガラスの家」が好きだったので、やるなら、彼に負けないものをつくりたかった。それが構造での展開です。とかく素材は表面材として捉えられがちですが、建築の骨格となる構造が主役であるならば、その主役に素材を持っていきたい。僕には、脇役の素材をメインに持っていきたいという思いが常にあるから。

日本は古くからガラスブロックを使用しているものの、「構造の動きと縁を切りなさい」というのが常套。構造の動きに追従して割れてしまうからと。それを構造そのものにするという話だから、当初は、企業側から「ガラスブロックのことを知らないんでしょう」といわれました。でも強度実験を重ね、一生懸命口説いたわけです。なぜ口説けたかというと、企業任せにしないで、構造家や研究機関を僕のほうでセッティングし、何か起きた場合のリスクを共有する仕組みにしたからだと思います。僕はいつも「この指止まれ」をするんですが、側には必ず、様々な領域の協力者がいてくれる。チームの力って、すごいですよ。

例えば土。例えばシラス。
それが「みすてられたもの」であっても、
発想の転換と最新技術によって、素材は甦る

「土の構造体はあり得ないだろうか」。山下氏が、究極の素材とされる土の研究に取り組み始めたのは2008年頃だ。世界の6割を形成するものでありながら、それまで〈現代の素材〉として扱われてこなかった土に着眼したのである。本プロジェクトも産学共同によるもので、試行錯誤の末、従来の土構造をはるかに超える強度を持つ土構造体の開発に成功。それは、土ブロックからなる住宅「アース・ブリックス」で実現化され、さらには東北復興のサポートにおいても活躍している。

＊

土は、日本でも身近な建築材料として使われてきましたが、現代ではあまり生かされていない。この現状に問題意識があったし、一方でこの頃、四川大地震が起き、地震による倒壊で人命が失

われている現状を突きつけられ、何とかしたいと考えていました。土だけを使って、日干しレンガ以上に強度のあるものをつくり、世界中に展開したい。そう思ってプロジェクトを立ち上げたのです。

とはいえ、日本での土の構造体の歴史をたぐってみても、泥ダンゴを積み上げた倉庫などが少し残っている程度で、構造的なものは例がない。構造として耐え得るものにするにはどうすればいいか……文字どおりの試行錯誤で苦労しましたが、何十種類もの実験を重ね、発見したのが土に酸化マグネシウムと水を混和する方法です。簡単にいえば、酸化マグネシウムと水が化学反応を起こすとき、泥土の小さな粒子が引きつけられ、土の強度が増して石に近いものになるという理屈です。決めていたルールは二つあって、一つは自然の材料であり、有機物を混ぜることで固まるもの。そして、人間に害のないもの。酸化マグネシウムは海水から採取され、食品にも使われるので、当然害はないし、太陽光だけで固まる。よって100％循環できるため、「これが一番いいね」と行き着いた。

僕の場合、素材開発からクライアントを探すことがままあるのですが、アース・ブリックスもその一つ。僕を信頼してくれるクライアントに対し、私の研究の「先端は今、土なんですよ」と説明しました。最初は驚いていましたけど、実験等を共に見ることで提案に乗ってくださった。半年がかりで2500個の土ブロックをつくり、それでもって、土を純粋な構造体にした家が完成したのです。クライアントには、実験現場や土ブロックをつくる工程を見てもらいながら確認

早稲田大学での材料実験

東京大学での構造実験

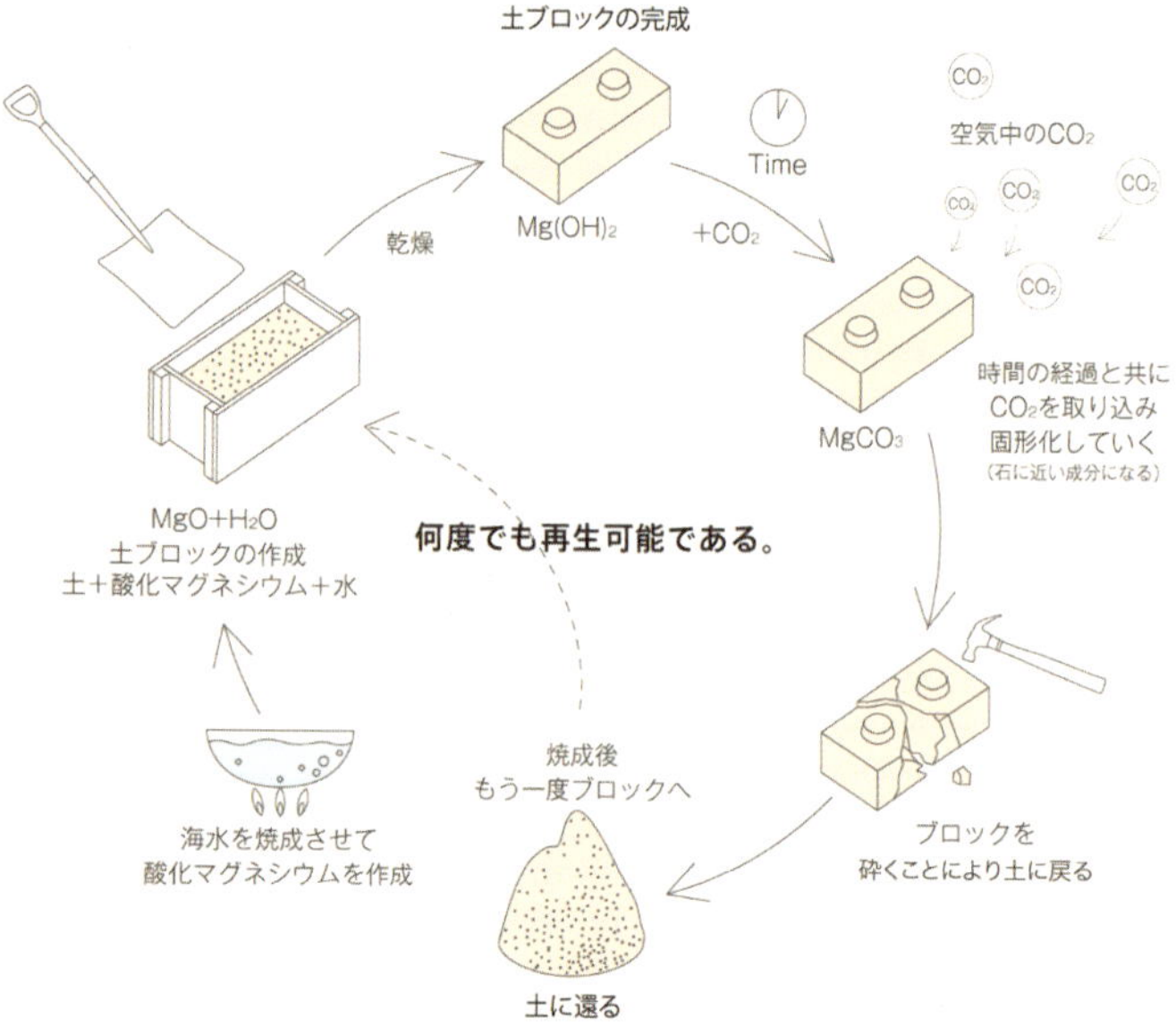

アース・ブリックスに使われた「土ブロック」は、東京大学、早稲田大学で材料・構造実験を行った。製造後も空気中のCO_2を取り込み徐々に強度を増していく。自然由来の材料であるため、何度でも再生利用できる循環素材。

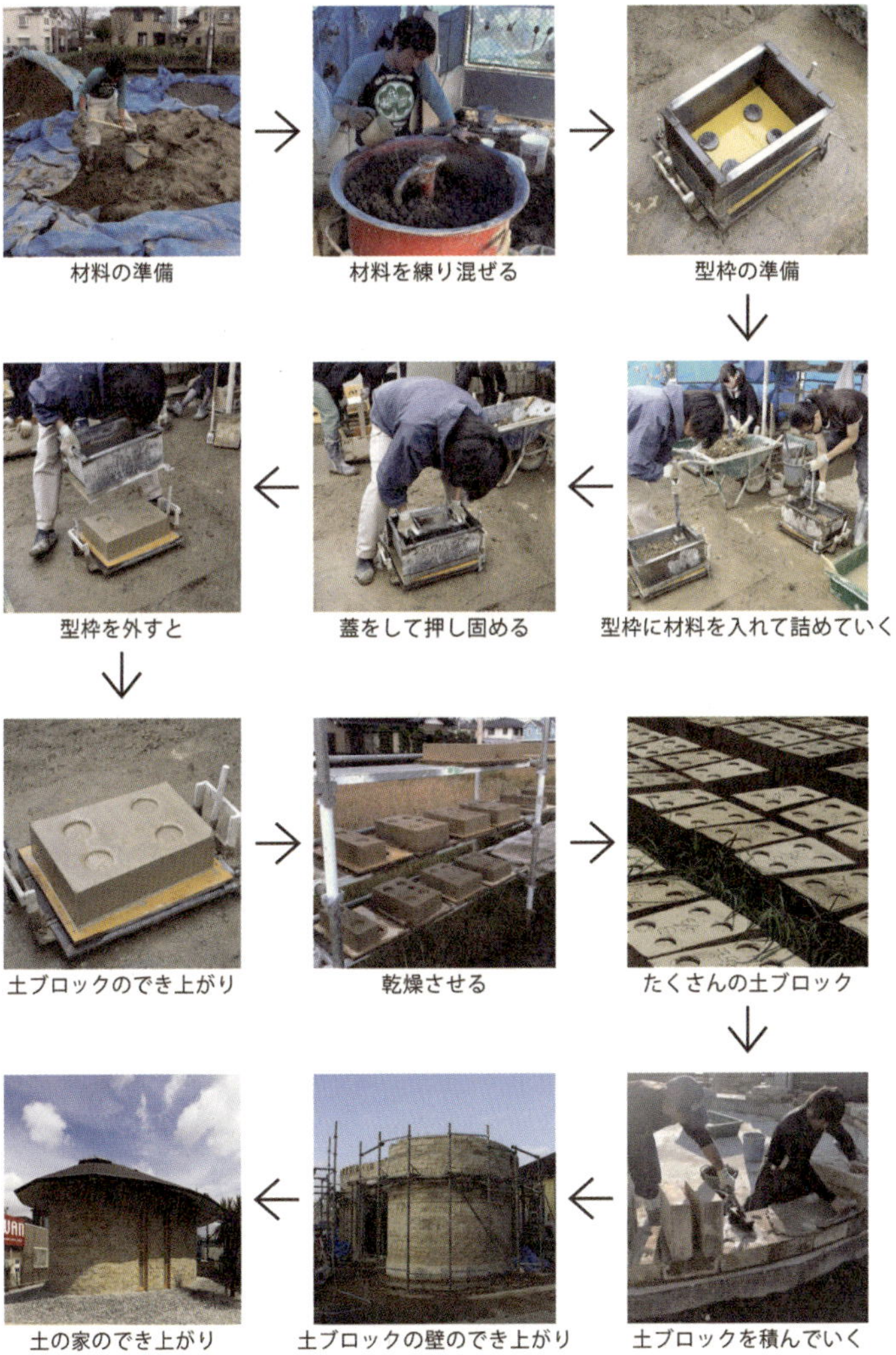

土ブロックの施工プロセス。型枠は数十種類の異なる形状を持つ。

日本初の土構造建築「アース・ブリックス」外観。曲面とすることで組積造特有の控え壁をなくしている。地面から土の構造が直接立ち上がるよう、周辺を砕石で盛り上げた。雨の影響を低減するために深い軒を出している。

「アース・ブリックス」内観。400mmの厚さの土構造の断熱効果を期待し、内外仕上げは土ブロックあらわしとした。床およびキッチンの立ち上がりは白い人研ぎテラゾー、奥の水回りブースはLVL（単板積層材）を用いた。

上・宮城県南三陸町戸倉集落の「備蓄倉庫」製作風景。近隣の方々、学生ボランティアと共に約1500個のブロックを製作した。**下**・「備蓄倉庫」完成後、集落の方々との記念撮影。地域のみんなで使う備蓄資材などが保管される。

を重ね、さらには実際に積むのも手伝っていただいた。つまり、クライアント自らも参加した家づくりだったのです。

東日本大震災が起きたのは、このアース・ブリックスをつくっているさなかでした。我々の土の研究はメディアにも流れていたので、津波で塩害を受けた土を使って何かできないかと、現地の方々から依頼を受けたのです。それで現地の土を採取して実験したところ、強度的には問題ないことがわかった。それを土ブロックにし、地元の方々や大勢のボランティアスタッフたちと積み上げてつくったのが、南三陸町・女川町の集会所、そして備蓄倉庫です。日本ではあまり評価されなかったけれど、この10㎡に満たない小さな備蓄倉庫は、LEAF Awardsの「サステナブルな開発部門」で金賞を受賞したんです。土の研究が認められたようで、これは嬉しかったですね。

＊

これら活動の延長線上に、一つ集大成としてあるのがシラスを利用した環境型コンクリートの開発だ。シラスとは、南九州の火山による火砕流堆積物の総称で、中でも鹿児島県における埋蔵量は750億㎥、実に東京ドーム6万杯分と膨大である。しかし、その利用は土木用としてだけで、建築資材とするにはハードルが高いとされてきた。山下氏をリーダーとする開発チームは、大量に眠っているシラスを利活用するべく、そのハードルに挑んだのである。

＊

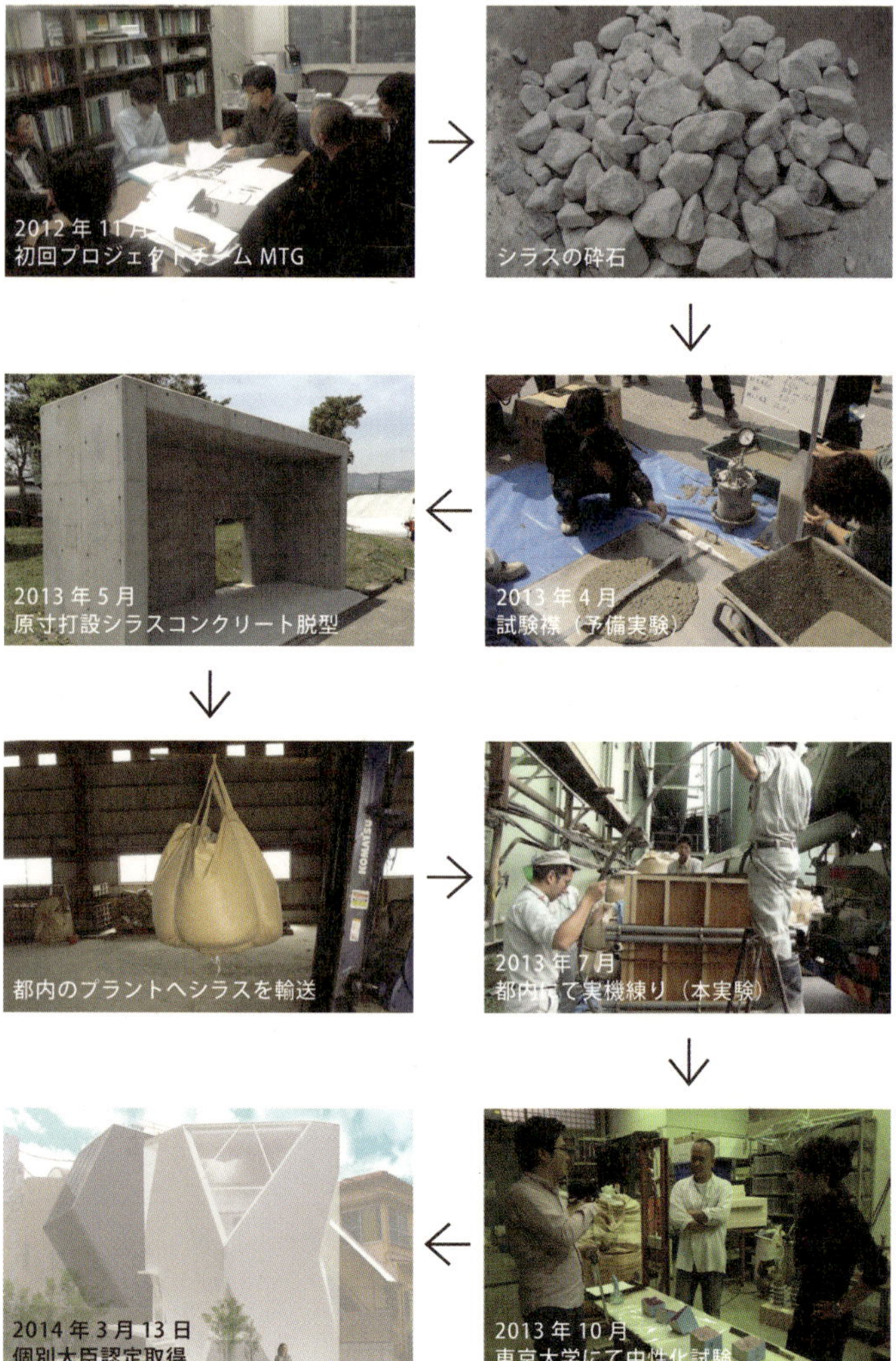

「R・トルソ・C」の大臣認定取得までのまでのプロセス。

「シラス」から仕事を生み出す

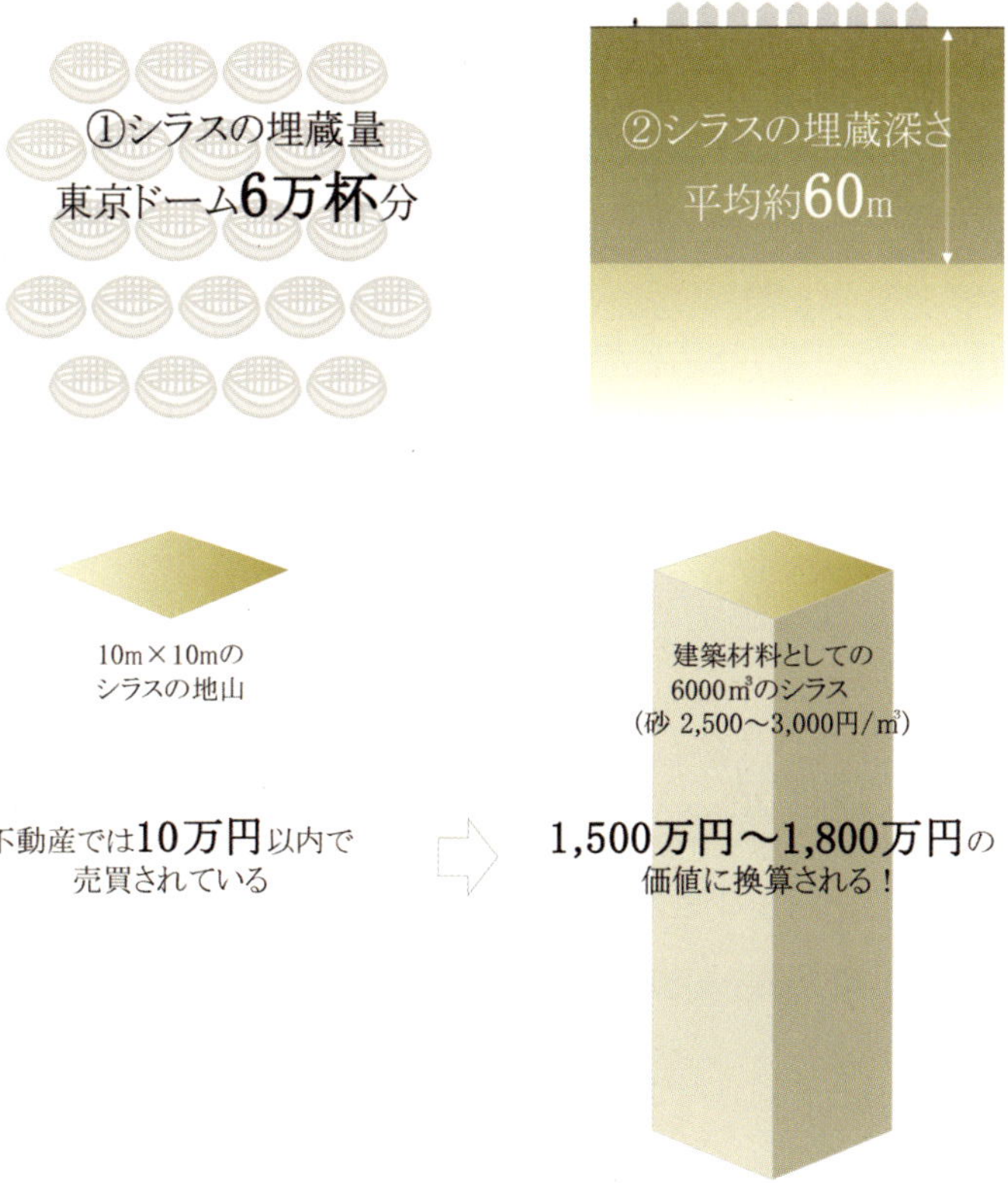

水はけが良すぎ栄養分が乏しいシラスは稲作などの農業に適さず、大雨の時には浸食と土砂崩れのリスクがある迷惑材料だった。大量の埋蔵量を誇るシラスをコンクリートに使えれば、地山が宝の山に変わる。

シラスコンクリートを用いた初の建築物「R・トルソ・C」外観。南九州の「みすてられたモノ」から都市の中に完成した。立体的なボリュームは、密集した都心部に残された自然＝空を獲得するためのもの。

「R・トルソ・C」内観。細かなシラス粒子を用いることによって、非常に緻密な肌理（キメ）が実現された。黒色研磨ステンレス、パープルハートの床材など、吟味を重ねた素材が、シラスコンクリートの空間を引き締める。

周知のとおり、良質な骨材資源は枯渇してきています。コンクリート用の骨材資源として大量に使用された河川砂利は限界に達してしまい、代替え資源として使われている海砂利や山砂利、砕石などは、その品質や環境面において問題も抱えています。そこで、次世代型として着眼したのがシラス。実はローマ時代に建造されたパンテオンの天井って、やはり火山灰の入ったコンクリートでできていて、今も残っている。その古代コンクリートに最新技術を掛け合わせ、環境型コンクリートに甦らせることはできないか——そんなキーワードで始まった最初のプロジェクトが、シラス・コンクリートの住宅「R・トルソ・C」でした。

まずは、建築資材としての認定を受けるために1年ほど実証実験を重ね、ようやくこの1棟に限り、国土交通大臣の認定を受けたんですよ。それでつくることができた、日本初のシラスコンクリート建築物です。このシラスコンクリートの特徴は、耐久性が高いこと。コンクリートは、セメントと水の水和反応によって固まるわけですが、そこにシラスが入ると、ポゾラン反応が起きて、強度がさらに増す。シラスの粒子は非常に細かいので、密実で中性化しにくいのです。さらに、取り壊した後は、粉砕してリサイクルセメントとして利用できる。まさに次世代型でしょう。

R・トルソ・Cをつくるにあたっては、もとより、クライアントご夫妻のリクエストが「コンクリートで内外部を包み込んでほしい。そして先端的で、かつ環境的であってほしい」というものだったのです。ご夫妻が化学者ということもあり、シラスコンクリートを面白がってくれて、実績がないのにもかかわらず「先端的な住宅として社会への提案になるのなら」と、一緒に取り組んでくださった。だからこそ実現したスペシャルですが、今後も実績を重ね、一般大臣認定の取得を目指したいと考えています。

モノとしての素材も、知や時間という素材も、すべては地域の宝。その新しい利活用の先には、地域活性化への道が広がっている

シラスコンクリートの開発は、良質な天然資源の保全、日本の住宅の長寿命化に寄与するだけでなく、採取地に莫大な資産をもたらし得るプロジェクトでもある。未利用資源の活用が、地域に新しい産業を興す可能性があるということだ。チソカツの筆頭に挙がる本プロジェクトは、製造・施工・流通までを見通した陣容となっており、視野の先には、地域経済活性化への支援がある。

＊

僕が、このプロジェクトにことさら尽力しているのは、地域おこしを考えているからです。地

域特有の資源を生かし、お金が生み出されれば人が集まり、活性化されるでしょう。お金は血液なんですよ。シラスでいうと、埋蔵地は山側なので、100㎡が10万円以内で売買されているんですね。一方、砂の価格は1㎥あたり3000円ほど。仮に、この価格でシラスを売るとした場合、深さ60ｍを掛け合わせると1800万円になる。10万円という土地の表面価格に比して、その地下には「宝が埋まっている」ということです。

だから「産業にしませんか」と。実際、シラスを膨大に埋蔵する鹿児島県に働きかけてきました。この一大産業となりうる可能性に、行政は「すごい財産だ」と賛同してくれ、広げるべく共に活動を進めてきたのですが……どうにも地元の既得権益者からの反発が強い。ノウハウを全部オープンにし、行政がつくるプラットフォームに「皆さんで参加して、一緒に開発しましょう」という提案なのですが、それでも話が進まない。でも、僕らの役割は、この技術をオープンにし、社会に利益還元をすることだと考えているので、ここで止まっているわけにはいきません。なので、現在は別の場所でノウハウを蓄積するべく活動しているところです。

今はシラスですけど、継続した研究を行うことでうまくいけば、全国で展開していけると考えています。未利用資源の活用、高耐久化、自己充填性。この三つの個別技術を統合するというプロトタイプは、違う地域のものに展開できる。僕は、これを火山灰までやりたいのです。日本全国に散らばる火山灰。例えば桜島や阿蘇山を見ていると、毎日のように「宝物を出しているなー」って思えるかもしれないから（笑）。

＊

他方、山下氏は「白井晟一プロジェクト」にも取り組んでいる。近代日本建築の巨匠・白井晟一の建築は、日本全国に三十数棟残っており、うち10棟は秋田県湯沢市に現存しているという。それら建築を地域の素材として再編集し、地域おこしを支援するのが同プロジェクトの目的だ。いわゆる〈ブツ〉を介してだけではない。山下氏は、知や時間といったものも素材として捉え、そのデザイニングを通じてまちを元気にしようとしている。

＊

湯沢市に残る白井晟一の建築の一つに、旧雄勝町役場があるのですが、老朽化のため庁舎機能は別の場所に移っており、その建物を解体するか否かという話になっているんです。白井作品にかかわる建築家や団体などは、「歴史的に価値あるものだから残しましょう」というわけだけど、僕は、それでは難しいと思っていて、過去それで残った建築は数少ない。大切なのは、本当に地元の人たちが「残したい」と思えるかどうかです。湯沢市の基本的な考えとしては、庁舎を解体して駐車場にするというもので、ならば、一度チソカツからプレゼンさせてくださいと。名付けて「湯沢市を元気にする提案」。まちの活性化を主軸に、旧雄勝町役場の三つの利用法を提示しました。まず①としては、先方が考えている利用法で、すべてを解体して駐車場にするもの。②は増築部分を解体し、役所として利用するもの。そして③は、補修を行ってテナントとして貸し出すというものです。そもそも60年前の建築ですから、年間維持費が800万円近くかかっているという現状があるんですね。それに加え、①は一時的にでも概算で5700万円の費用がかかるうえに、歴史的価値を失うというマイナス面もある。②は文化遺産を保持できるものの、もっと費用がかかります。

僕らの本命は③で、最低限の補修をして、若い世代を中心とした地元住民や企業にテナントとして貸し出すというビジネスモデル。これをNPO法人に管理委託し、商業や市民活動で運営費を捻出する仕組みにすれば、これまで行政の肩にかかっていた年間維持費は相当抑えられる。

そして、歴史的建造物を残したうえで、さらなる提案をかけていくわけです。白井晟一の建築が〝地域の資源〟であることの訴求。湯沢町が持つ自然や温泉、食と同様に、生かすべき資源であると。今や、有名建築を巡るツーリズムもあるわけで、その企画も携えての提案です。建築を地域の観光資源として捉える、これが本当の本命。「文化遺産を守ろう」という運動論だけでは、実現化は難しい。まずは現状を汲み上げ、地元の人たちにメリットを感じてもらうこと、その延長線上にこちらのやりたいことを乗せる。それが僕らのやり方なんです。これだとNOとはいえないでしょう?

ほかにも、地方で閉鎖になったデパート跡地の有効活用であるとか、あれこれ相談を受けています。こうなると「何屋さんですか?」という話なんだけど（笑）、僕は、建築家って、社会に対して利益の還元を総括的に行う職業だと思っているし、またそれができる職能を有している

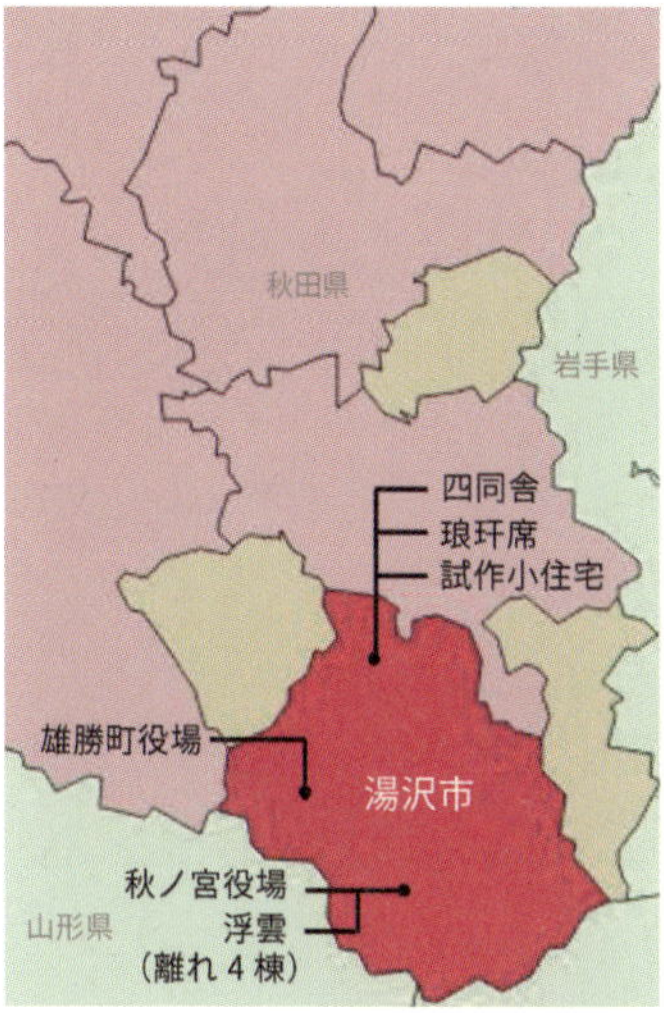

秋田県湯沢市にある白井晟一の建築マップ。

3つの連携による湯沢市活性化プロジェクト

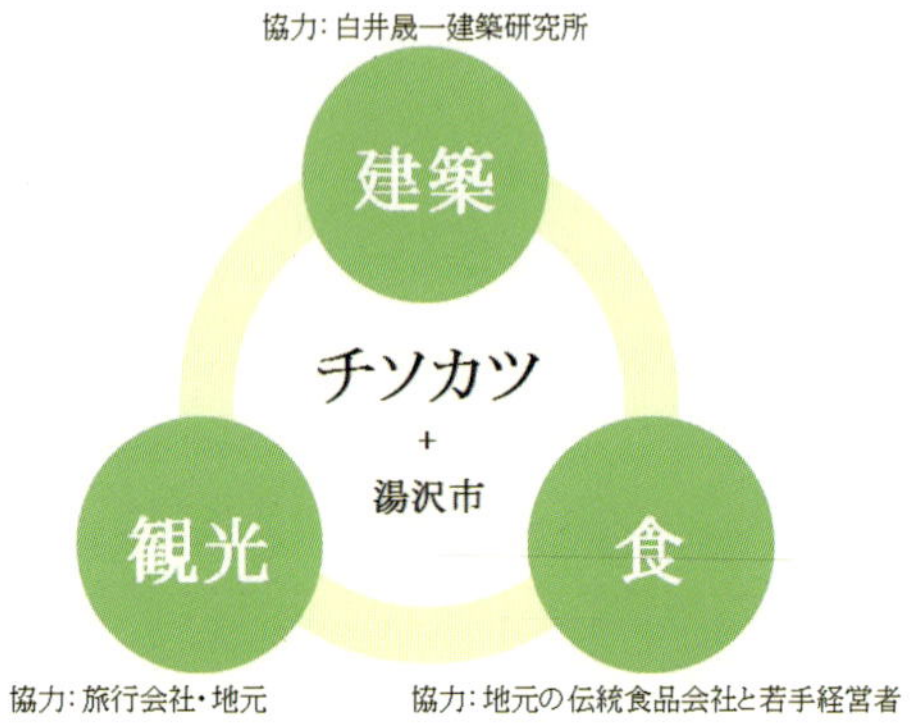

補修を行い、テナントとして貸し出す場合

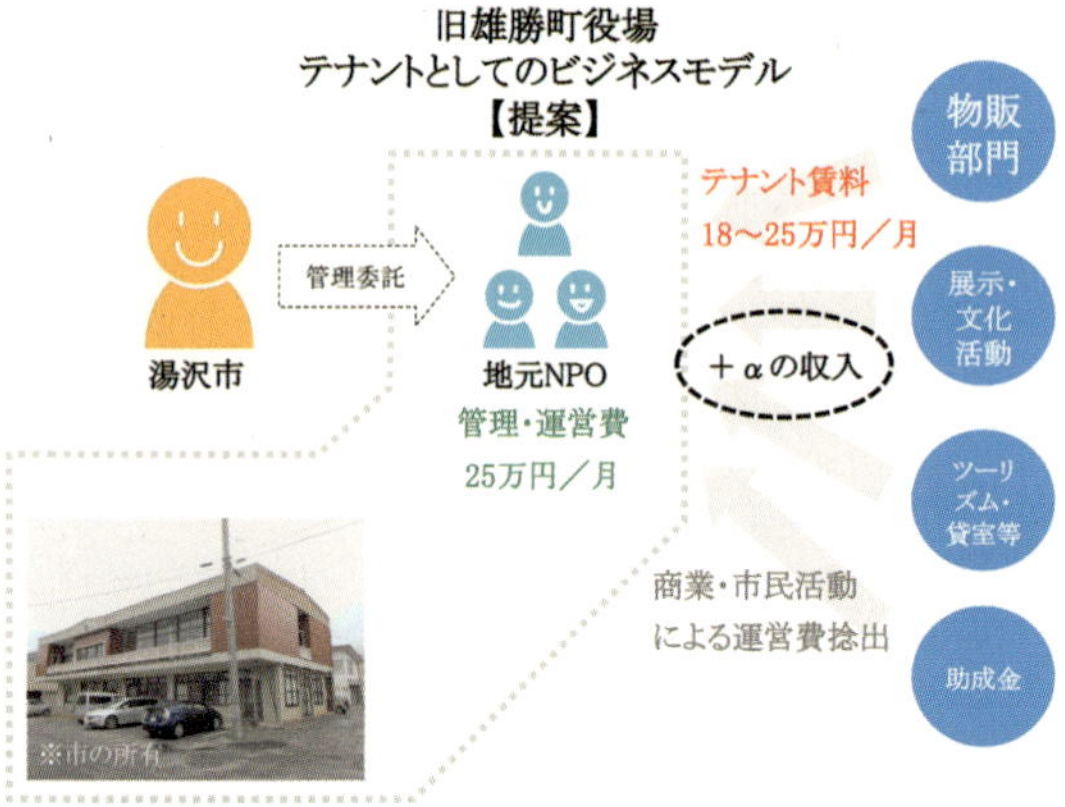

地域活性化には建築物だけでなく「食」と「人」が重要なファクターである。提案にあたっては、意識の高い地元の若手経営者らにヒアリングを行い、地元に根ざす個人のやる気とヴィジョンに基づいたビジネスモデルとして提案した。

じゃないですか。その本懐をまっとうしたいと思うのです。

いわば「パイロットプロジェクト作成チーム」。
地域を輝かせる成功事例をつくり出し、
広げていくことが、チソカツの役割である

「山下さん、何とかなりませんか」。山下氏のスタンスや仕事を知る先から、こういった依頼、相談事は絶えない。その中、直近で力を尽くしているのが、故郷・奄美大島での「みすてられたもの」を甦らせるサポートだ。行政から推挽《すいばん》され、奄美大島のアドバイザーとして任に就いていた山下氏は、すでに同地で、島全体のデザインをレベルアップしていくための活動を展開してきているが、新しい案件に挙がったのは「リュウキュウマツを何とかできないか」というものである。

＊

昨今、リュウキュウマツはかたっぱしから松くい虫被害に遭っていて、奄美中で立ち枯れているんですよ。行政や森林組合から、そのリュウキュウマツや椎木を特産材として活用できないか

奄美木材の加工プロセス

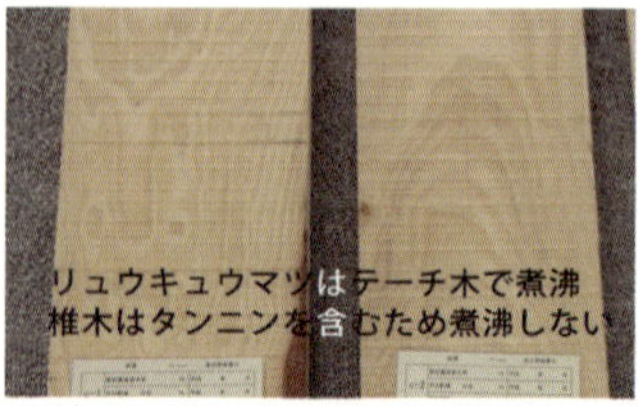
リュウキュウマツはテーチ木で煮沸
椎木はタンニンを含むため煮沸しない

↓

泥染めの様子

↓

乾燥

↓

完成

→

大島紬の加工プロセス

テーチ木（車輪梅）を煮沸し
成分（タンニン等）を抽出、
染料で絹を染める。

↓

鉄分を多く含む奄美大島の
泥田で鉄とタンニンを化合
させて黒くコーティング。

↓

乾燥後完成

奄美ヴィラプロジェクトパース

７世紀に遡ると言われている奄美大島の伝統的工芸である大島紬の製法を、木材に転用。泥染めされた木材は青みを帯びた深い濃色を発色する。

と相談を受けたのです。僕は泥土を扱ってきたでしょう。その経験から発想したのは、本場大島紬に用いられる泥染めという染色技法と組み合わせてはどうか、ということ。泥染めで、紬、つまり「絹の代わりにリュウキュウマツや椎木を染めようよ」という話です。

それで実験をするために地元の工房に協力を依頼し、木の厚さ、染め時間、乾燥方法、様々なパターンを考え出し、今はそのデータを蓄積している段階です。「絹もいいけれど、木を紬化しない？」という動きで、今後は子供たちとのワークショップをやったり、メディアを入れたりしながら、ブランド力を上げていこうと考えています。

そして、これを建築資材として、僕が最初に使おうと思っているんです。泥染めに使用される染料の原料は、テーチ木（車輪梅）という植物なのですが、これに含まれるタンニンの色素成分によって赤褐色に染まるのです。それを鉄分の多い奄美の泥に漬けると、タンニンと鉄の化学反応で、独特の黒褐色の色調に変化していく。この色合いは木にも期待できるし、何より、工程にある煮沸によって虫もいなくなる。泥が入ることで、強い日差しに対する耐光性も望めるから、外壁として使えます。今、奄美でリゾートホテルを手がけているので、そこから使っていこうと考えているところです。誰もやっていないから、どうなるかは想像の範疇ではありますが、これでまた新しい木の展開ができそうです。伝統的な本場大島紬は衰退してきたけれど、地域の資源であるリュウキュウマツや椎木が泥染めにより再編集されることで、さらには建築に生かされることで、お金が生まれるじゃないですか。地域に活力や夢をもたらすって、そういうことだと思うんですよ。

＊

さながら〈一人ゼネコン〉だと称されるほど、山下氏の活動は広範にわたる。それを支えてきたのは、外部の人的資産や経営資源を積極的に取り込み、共創で新しい価値を生み出すというスタイルである。近頃、様々な領域でキーワードになっているオープンイノベーションを、先んじて実践してきたわけだ。２０１３年に設立された「地域素材利活用協会」は、まさにそのプラットフォームであり、今後の活動には大きな期待が寄せられている。

＊

これまで触れてきたように、チソカツは、様々な地域に眠っている素材や構法を再編集・新開発することで、その地域に仕事をもたらすことを目的にしています。この目的に向けた成功事例をつくっていくのが僕らの役割だと考えていて、いわば「パイロットプロジェクト作成チーム」みたいな感じでしょうか。そこから広がっていってほしいのです。そのために、どこか地方の人や団体から、チソカツを使って「こんなことをやりたい」という話があれば、僕らはサポートするつもりでいます。

関わる姿勢としては、自主行動や自主責任が基本であり、単に、多くの会員を募って盛り上がりましょうという話ではありません。大事なことは「実践してナンボ」。なので、現実化するためのメンバーなら、足場は様々であっていいし、プロでも素人でも、老若男女問わず門戸を広げたいと考えています。これから日本全国に、世界にいろんなものを提案していく時に、チソカツという存在がどこか片隅にでもあれば……そんな思いなのです。

僕のエネルギーの源は？　と問われれば、やっぱり奄美でしょうね。奄美の海は30年ほど前にサンゴの白化現象が起き、僕が知っていたはずの海は、もうほとんどなくなってしまった。海辺もどんどんコンクリート化されて、全然美しくない。自然が失われていくことへの危機感、悲しさがベースにはあるんですよ。

それと、奄美は様々な国の領土とされ、いつも追いやられてきた歴史があります。そのことに対する根っからの反発心というか……僕が「みすてられたもの」や「脇役として扱われているもの」にこだわり、何とか日の目を見させようと走るのは、その血が滾《たぎ》るから。建築に携わる人間として思うんですよ。これからの建築は、そこに住んでいる人々や地域、そして自然から祝福されるべきものでなくてはならないと。そのためのチャンレジを続けていきたいし、僕はただシンプルに、「本当に世の中が幸せになることは何か」を追求していきたいのです。

コンクリートバンザイ！
ナノテクの「ススメ」

野口貴文

建築家も歩けばコンクリートに当たる

私は建築材料の専門家です。「特に専門とする建築材料は何ですか」と問われれば、即座に「それはコンクリートです」と胸を張って答えたいです。世界中で、人類が社会活動を営むうえで必要となる建築物、土木構造物、自動車、家電製品、家具、生活雑貨などを生産するために投入される資源のなんと四分の一は、コンクリートの生産のために使用されていることを知っていますか？　人類が消費している物質のうち、水の次に多いのがコンクリートなのです。

コンクリートは、地殻（地球の表層部）に潤沢に存在し経済的に利用できる鉱物であるSiO_2、Al_2O_3、Fe_2O_3、CaO によって構成されています。これらの鉱物だけで、地殻の90％以上を占めています。コンクリートが大量に生産され使用されているのはごく自然の流れであり、その恩恵を享受していることを忘れるくらい、我々の身近にコンクリートは存在し続けてきました。つまり、コンクリートはそこいらにあって、数歩歩けばコンクリートに必ず当たります。しかし、そこいらにあり過ぎて、誰も見向きもしない存在になってしまっているのではないかと、コンクリートの研究者としても、その将来を危惧しています。

コンクリートって本当に必要悪？

古代ローマ時代、ローマ帝国の繁栄を支えたのはコンクリート技術でした。ローマ人はコンクリートで道をつくり、橋をつくり、建物（写真1）をつくりました。しかし、古代ローマ帝国が滅亡し、暗黒時代の中世に陥った後、コンクリートは建築の表舞台から完全に姿を消してしまったのです。そして、コンクリートが建築物や土木構造物を構築する主要材料として再び表舞台に立つまでには1300年以上もの年月を要しました。何故ンクリートが古代ローマ帝国と共に姿を消してしまったのか、技術的・文化的・宗教的・政治的な面が指摘されてはいますが、今もって詳細は謎に包まれたままです。

しかしです。現在、コンクリートが現代社会にとってなくてはならない建設材料であることは間違いありません。コンクリートがなければ、人類は安心して快適な生活を営むことはけっしてできないのです。そのことが全く認識されないいまま、世間一般においては「コンクリートジャングル」「コンクリート詰め殺人」「コンクリ片落下」「コンクリートから人へ」というように、コンクリートに敬意を込めた表現は皆無であり、「コンクリ」は蔑称的な表現の代名詞的な扱いを受けていると感じられ、寂しい限り

写真1　パンテオン（ローマ、紀元118-26年頃）

です。

「コンクリートは嫌いだ」と公言してはばからない著名な建築家もいます。なんとなく大量に生産され、なんとなく施工されて建築物になり、なんとなく使われて捨てられていく。そんなコンクリートにしてしまったのは、誰なのでしょう？　政治家でしょうか？　官僚でしょうか？　ゼネコンでしょうか？　建設作業員を指して「勉強しなかったらあんな風になるのよ」と子供に諭すお母さんでしょうか？　実は我々研究者にもその責はあるかもしれません。でも、建築家にだって、その大いなる責任はあると思うのです。古代ローマ帝国の滅亡と共にコンクリートが世の中から消えたのと同じように、このままでは、コンクリートがいつしかフェードアウトしていく可能性は否定できません。

迷走する建築家への切り札

昨今、従来は建築材料としてあまり利用されてこなかった素材（特に天然素材）を用い、新構法・新工法を考え出して斬新な建築を生み出そうとする建築家が増えてきています。ありきたりの工業製品を用いるのではなく、その場でしか手に入れられない素材に着目し、それを使い手の意志に沿うように工夫して建築しようとしています。カタログから建築材料や製品を選択する時代から、新たな素材を自らの手で発掘したり、旧来の素材に新しい息吹を吹き込んだりと、従来とは異なる素材の使い方を考え、新たな建築を模索しようとする時代が到来しつつあるように感じられます。

ある意味、建築界全体が形態主義や機能主義から素材主義へとウエイトをシフトしつつあるかのようにも感じられるのです。しかし、建築材料の専門家からすると、危ないとしかいえない建築家が多いのも確かです。素材を使いこなし、名建築へと仕上げていくためには、素材の属性・物性・特性を熟知しておく必要があります。時代の潮流にただ翻弄され、基礎知識もなく闇雲に素材の斬新な使い方を追い求めても、けっして満足のいく建築は得られないでしょう。

現在、建築材料はナノスケールでの化学的・物理的な分析技術に立脚して性質の解明が進められています。また、ナノスケールでの操作を駆使して新素材の開発が進められています。さらに、ナノスケールでの現象を化学的・物理的にモデル化し、建築材料全体の挙動、ひいては建築物の挙動をコンピュータによってシミュレーションしようとする研究も進められています。私は、この潮流を「建築ゲノム論」と呼んでいます。つまり、建築ゲノム論における建築物の設計では、建築物の最小構成単位である物質が建築材料の性能をいかに決定し、建築部材・建築物の機能にいかに関与するかを明らかにしたうえで、建築材料・部品の選定・設計を行い、建築物として仕上げていくのです。そして、この潮流は人工的に生産された建築材料に限られたことではありません。むしろ、天然素材こそ、自然界が創造したナノテクの宝庫なのです。

なんとなく生産されてしまっているコンクリートとて、けっして例外ではありません。RILEM（建設材料・構造に関わる国際研究機関・専門家連合）という学術団体があり、Bio-aggregates based building materials（植物骨材・植物繊維を用いた建築材料）という委員会において、ナノテクに基づく興味深い内容の調査研究が進められています。つまり、コン

写真2　微粉末シラスの電子顕微鏡写真

クリートもすでにナノテクの洗礼を受けており、その恩恵を受ける日も近いのです。

コンクリートの救世主

そんな複雑な思いを抱いていた51歳（2012年11月9日）の誕生日に、私は建築家・山下さんと再会しました。山下さんのご要望は「唯一無二かつ最先端の『環境』コンクリート」でした。コンクリートの専門家として知恵を振り絞った結果、①ポゾラン活性を有するため長寿命化が期待でき、かつ調湿効果を有する「シラス」を細骨材・混和材として用い、②低炭素型社会の構築に資するために「高炉セメント」を採用し、③コンクリートの完全リサイクル化を図り、かつひび割れ抑制を図るために、骨材として「石灰石」を用いることとし、④工事現場における騒音低減と省エネルギー化を図り、技能労働者不足にも対応できるよう「自己充填コンクリート」とすることを提案いたしました。これら四つの特徴を持つコンクリートは、低炭素型社会・資源循環型社会を具現化するのに真にふさわしいコンクリートであったと、あれから数年を経た今現在、改めて実感しています。

シラスコンクリートの開発では、シラスの品質安定化とコンクリートの単位水量低減が最大の課題でしたが、シラスの化学的・物理的・幾何学的特性の分析（**写真2**）、シラスのコンクリート用細骨材・混和材としての特性の把握、試験室での何回ものコンクリートの試し練り試験と圧縮強度・ひび割れ抵抗性（**写真3**）・耐久性の評価を経た後に、実物大の模擬試験体を製作しての実証実験（**写真4**）を行った結果、環境配慮型シラスコンクリートを実現することができたのです。そして、その実現には、ナノ

写真３　試し練りにおけるひび割れ抵抗性試験体の作製

写真4　シラスコンクリートの実証実験（強度試験用コア試験体の切り抜き）

テクの貢献が当然大きくものをいいました。近年開発された超高分散性を有するポリカルボン酸系高性能ＡＥ減水剤の果たした役割は計り知れません。

しかし、やはり実際の建築を実現するために忘れてはならないことがあります。それは、ナノテク一辺倒ではない、シラスとコンクリートにかける関係者の叡智と情熱と努力です。シラス生産者、化学混和剤製造者、コンクリート製造者、意匠設計者、構造設計者、施工者、そしてコンクリート研究者それぞれが、自身の専門性の観点から主張しつつも最終的には協和した結果の賜です。これがなければ、環境配慮型シラスコンクリートは実現しなかったでしょう。だから、環境配慮型シラスコンクリートには、絶対にコンクリートの救世主となってもらいたいですね。

「大自然」を知って「素材」を活かす

佐藤　淳

使ったことのない素材を使うとき

構造は、多様な「素材」による多様な「形態」が多様な「工法」でつくられ、そしてできたものが多様な「外乱」にさらされる、大変複雑な対象です。私の構造設計事務所と研究室では、建築の構造では普段扱わない素材を構造に使うプロジェクトをいくつも扱っています。

自分が使ったことのない素材を使うとき、やったことのない構造を試みるとき、はたしてこの「複雑」な構造の条件を把握して実現することができるだろうかと考えます。途方に暮れるほど数多に思える現象も、項目を絞れるというイメージを持って臨めば、確かめないといけない項目は、そう多くはありません。もちろん最初からできるわけではありません。普段のプロジェクトでちょっとずつ、工夫を凝らした構造を試みることを重ねていると、だんだんそういう「実現させる感覚」を持てるようになります。その中でもわからないことがあれば確かめればよい、その典型が「構造実験」です。

建築家の山下保博さんとのプロジェクトで、ガラスブロック耐震壁を実現した「クリスタル・ブリック」では、ガラスブロックの目地に納まるぐらい細い鉄骨の格子でガラスブロックを拘束する構造を考えました。ガラスは「延性」の変形能力を持たず、ほぼ「弾性」の性質しか持っていませんが、圧縮強度は鉄よりも強い材料です。そこで、鉄骨で拘束することによって大きな変形能力を持たせると、地震のエネルギーを大きく吸収できる構造になります。

ガラスは古代からある素材ですが、こうして他の材料と組み合わせる「ガラス構造」の性質は、現在でも簡単に予想できるものではありません。

実験を行うと、「荷重変形曲線」が得られます。この荷重変形曲線が「硬さ」「強さ」「変形能力」「履歴」といった構造の性質の大部分を語っているといっても過言ではありません。FEM（有限要素法）で計算しても実際との差が想像しづらいので、こういう実験をすることが何にも勝る手段となります。

そうはいっても、「実験」なんてそう気軽にできない、という声も聞かれます。大学や研究所の知人を通して実施するのですが、何度か行っていると、「実験をする感覚」のようなものを持てるようになります。私は試験体は「2体」と考えます。私が学んだ秋山宏先生は、「試験体なんて1体でいい、いくつもやるから迷いが生じるんだ」という主義でした。「きちんと見ていれば1体でわかる」ということです。私は

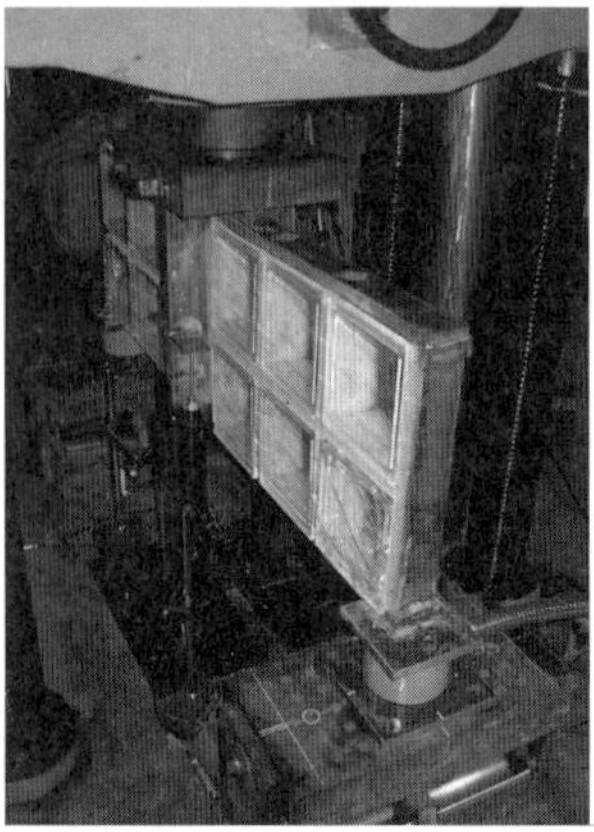

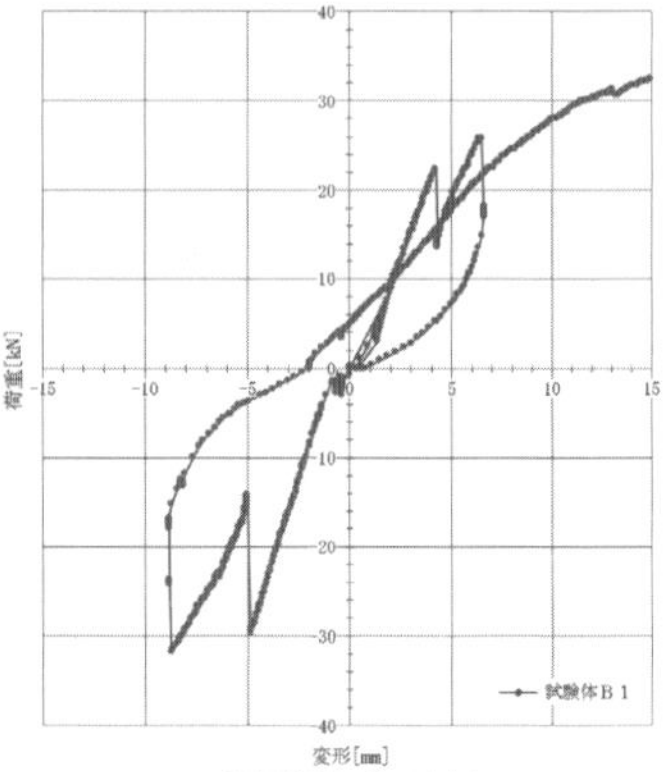

荷重変形曲線：繰返し荷重時

ガラスブロック耐震壁の実験　　荷重変形曲線

1体目は実験方法を試行錯誤する意味もあるので、もう1体用意しておくことにしています。「3体」の平均を取る、と考える人が多いようですが、このちょっとした差が実験の気軽さを阻害することもあります。

パラメーターを何種類に限定するか、それぞれ2体だと合計何体の試験体になるか、治具や機器類、試験体を設計してから実験を終えるまでどのぐらいの期間がかかるか、費用をどのように捻出するか。そういう「実験をする感覚」の頭にしておくと、実験を気軽に行えるようになり、次に全然違う構造を実現しようとするときにもストーリーを思い描けるようになります。

数学の問題を解くときは、普段から数学頭にしておく必要がありますが、それに似ています。山下さんとは、「アルミニウム合金」や「土ブロック」の構造も実現しましたが、同じように実験を行って性質を把握しました。日干しレンガのように土を固めたブロックは、構造材料としては弱くて脆いものですが、それならボリュームを持って使えばよいと考えます。不確定な要素がありそうだと思えば安全率を高く見込んで設計します。

「材料特性」の中で、「重さ」と「荷重変形曲線」がほぼ構造形態を決定づけます。その他、「耐久性」「耐熱性」「線膨張」もあれば木材では「収縮」「異方性」などありますが、単純化して考え始めることが大切だと思います。そして、この材料特性がどんな「力学」と「幾何学」と結びつけられるかを考えます。カーボン（CFRP）を使ったプロジェクトでは、鉄よりも硬い性質を使えば「座屈現象」に強いことを利用した、か細い材を使った構造を実現しました。

ねぶた構造（2016年），佐藤スタジオ（東京大学IEDP、建築構造デザインスタジオ）

構造形態を決定づける要素に、「職人の技」もあります。私は木村俊彦構造設計事務所で、現場には愛すべき職人たちがいる、ということを学びました。「溶接」や「あぶり」のうまい鉄骨職人を知り、絶妙な「配筋」を並べる鉄筋職人を知り、想い描く構造もあります。山下さんとのプロジェクトで「シラスコンクリート」を使ったものは、流動性が良いことを利用して、鉄筋を密に配置した構造を実現できると考えています。

壊れても死なない構造

座屈現象を制御する手法などを駆使して、私は「か細い素材」「薄っぺらい素材」といった細かな材を使った構造を追究することが多いのですが、そうしているうちに、軽くて軟らかくて、災害で建物が壊れても中に暮らす人が死なない構造があり得るのではないかと考えるようになりました。

東京大学のＩＥＤＰ（環境デザイン統合プログラム）で「建築構造デザインスタジオ」という私のスタジオがあります。そこで学生たちと一緒に、和紙と針金でできた、青森の「ねぶた」のような構造をつくってみました。ボリュームをもってつくれば非常に軽い構造で大きな空間を覆うこともできます。和紙は引張材として効き、針金でできた骨組は壊れるときはムニュっと壊れる変形能力の高い構造です。

海外で行ったワークショップでは、タイで現地のラタン（籐）や竹などを使った構造、インドでカラフルな布を使った膜構造を試みました。

日本科学未来館で行われた「地球マテリアル会議」では、私の研究室で「銅造シェル」を製作展示しました。これは厚さ１㎜の平らな銅

右・東京・日本科学未来館での「地球マテリアル会議」に出展した「銅造シェル」（2010年）　**左**・インドでのワークショップでつくった膜構造（2014年）

板を皆でハンマーでたたいて成型した軽量な構造です。この加工、溶接、運搬の消費エネルギーを集計してみると、材料の製造から竣工までの全行程で消費されるエネルギーのわずか7％に過ぎず、材料の製造で消費されるエネルギーがほとんどだとわかりました。

生物、森、大地、海、天体、天候、といったものだけが大自然ではないと思います。材料の性質を知ることも、座屈現象を知ることも、数値計算の方法を編み出すことも、大自然を知ることだと思います。少しずつ多くの人を救えるようになるように、大自然を少しずつ学んでゆきます。

こうしたワークショップスケールの構造が、いずれ地域の素材を生かし、地域の自然現象に対応した建築の実現につながることをイメージ

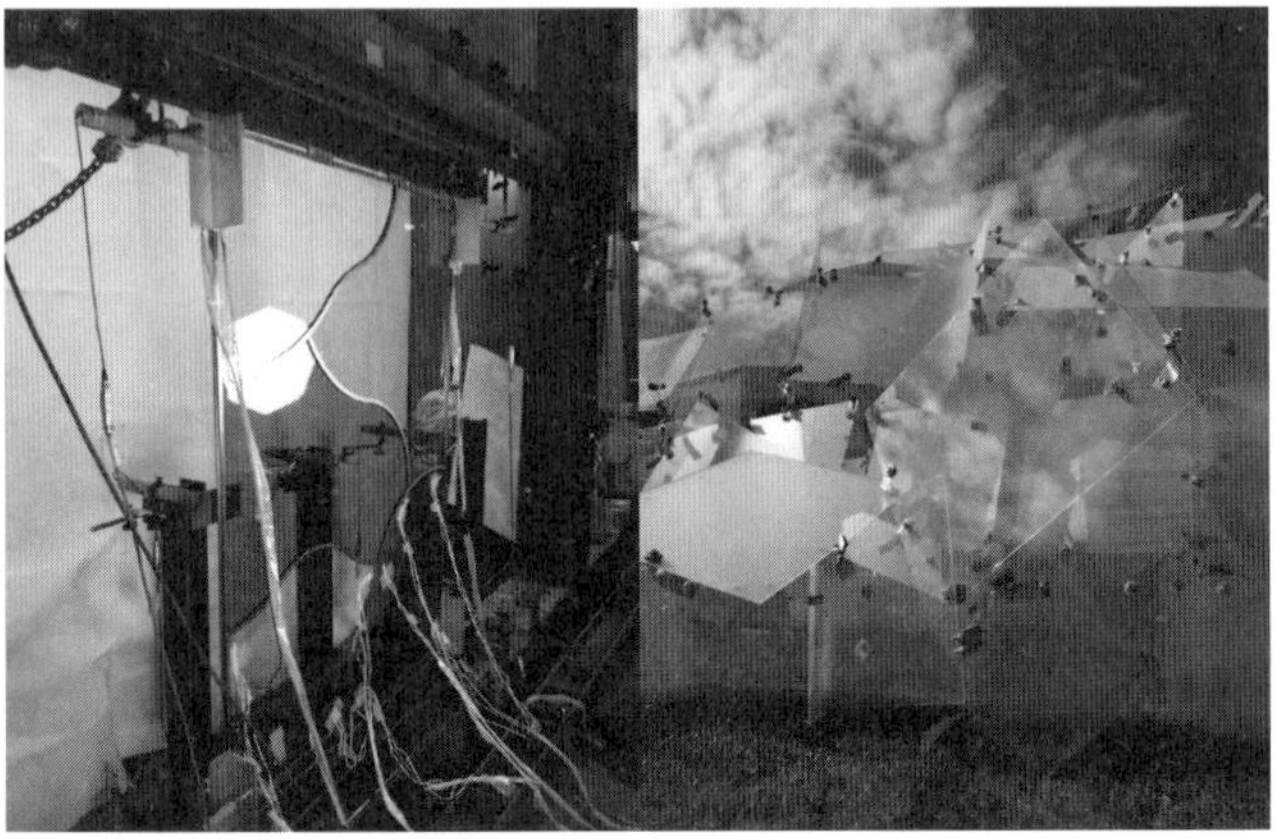

右・スタンフォード大学セミナー&ワークショップでのガラス構造
左・佐藤研究室で研究中のステンドグラス構造

しています。

大自然を「感じる」構造

こうして細かな材や透明な素材を使った「透明／半透明」な構造を試みているうちに、そういう構造が「フィルター」の機能を持つことができるのではないかと考えるようになりました。そのきっかけとなったのは建築家の隈研吾さんとのプロジェクトSunny Hills Japanで、6㎝角の木材を使った複雑な木組の構造を考案しました。内部には木漏れ日のような光が差し込みます。これは光や空気を透過するフィルターになっていると感じました。

私の研究室では、ガラスの構造も研究しています。その一つが「ステンドグラス構造」です。ガラス板が、細い金属骨組に拘束された、ステンドグラスのような構造です。その他、ヴェネ

Sunny Hills Japan（建築家：隈研吾）の木組の構造

チアビエンナーレ２００８でガラスと超高張力鋼の構造を実現し、現在オランダでガラス板を曲面に曲げた壁だけで屋根を支える構造の現場が進んでいます。

　また、スタンフォード大学と東京の両方で行ったセミナー＆ワークショップでは厚さ１．３㎜という極薄のガラスで人が通り抜けられる程度の構築物を実現しました。ここでも座屈現象のコントロールが必須です。

２００５年の愛知万博でつくったブースでは、厚さ３㎜のアクリル板をランダムな水玉状に凸凹させた壁を構造にしました。先に紹介した「ねぶた構造」も防水のために亜麻仁《アマニ》油を塗ると半透明になります。

　こういった半透明な構造は、「光」「熱」「音」「空気」「水」「視線」「生態系」といった環境に対するフィルターの機能を持つものとなりそうです。

　自然を操作しようとするのではなく、自然を感じるために仰々しい構築物をつくるのではなく、日常の建築の中にひと工夫凝らすことで、今そこにある大自然を感じる、そういう肩の力の抜けたものがよいと思います。そうして、地域に根付いた「素材」を使って、そこにある「大自然」を感じる建築をつくることができるとよいと思います。

伝統土壁と土ブロック

輿石直幸

筆者は山下さんと出会う前から、建築材料学専門の立場から、伝統土壁の左官技術に関する研究を行っていました。伝統土壁は、各地の木、竹、土、砂、わら、縄などの天然素材を使って構築されるもので、まさに「チソカツ」そのものであり、かつてはそうするのが必然だったわけです。

「チソカツ」では、まだ見ぬ地域素材の可能性を発見し、新たな活用の道を開拓しようとしていますが、筆者が伝統土壁に着目したのは、それとは少し違っていて、試行錯誤と自然淘汰を経てきた非常に完成度の高い技術であるのに、その実力が適正に評価されぬまま、建築生産の合理化の流れの下で衰退し、絶滅寸前まできてしまったことを悲観してのことでした。

今日の建築産業は、極限近くまで品質向上と合理化を追求してきた結果、振り子が上がりきったような状態になっていて、それでもなお上へあがろうと、もがき苦しんでいるように思えて仕方がありません。一度、振り子を真逆に振って、ニュートラルなポジションで、前後左右に揺さぶりながら考えたほうが、自然でバランスの良い発想が生まれるのではないかと思いました。

土研究会

山下さんと東大の松村研究室に集まり、「土研究会」が始まったのはその数年後で、ほかにも土素材に関心を持つ人が参加し、その思いや関係する活動など情報共有から始めていました。

近年では、投機的な思惑による資源の囲い込みにより、鉄鋼などの資材の価格が急騰し、安定的な建設活動に支障をきたすようになっています。これに対して土は、各地で入手可能な豊富な資源であり、ライフサイクルを通じて環境負荷も少なく、真に豊かな住居環境を形成できる可能性が高い素材です。また、地域性を無視した画一的な建築デザインや輸入資材に頼った建築構法のあり方を見直すべきではないかというのもこの土研究会のスタンスでした。

そうこうしていると、突然、山下さんから「アース・ブリックス」の話が持ち込まれました。最初の実践問題にして非常にハードルの高いものでした。平屋の小規模な戸建住宅ですが、土ブロックで組積耐力壁を構築するというのです。日干レンガのように、焼成せずに乾燥のみで固めたユニットで建築できれば最高なのですが、耐力ユニットとなると圧縮強度や耐久性、特に耐水性に高い水準の品質が求められます。やはり土単体で実現するのは難しく、固化材を加えて固めることになりました。固化材も環境への影響の少ない安全なものということで、海外文献も参考にしながら、多種の固化材を選び、小型の試験片を作製して、その効果を確認しました。実際には、デンプン糊、アミノール、海藻糊（つのまた）、コンスターチ、寒天、ゼラチン、亜麻仁《アマニ》油、消石灰、水硬性石灰、ドロマイト、ベントナイトなどです。いくつかの無機系固化材には、にがりを併用したものも試しました。結果的には、途中から選択肢に加わった「酸化マグネシウム」の効果が圧倒的に高く、これを選定することになりました。酸化マグネシウムは、海水から生成でき、消石灰よりも低アルカリのため、土壌や湖沼水などへの影響も少なく、またセメントと同様に、水との化学反応によって硬化するものですが、コンクリートよりも土壌への分解・還元が速やかであるなどの多数の利点があります。

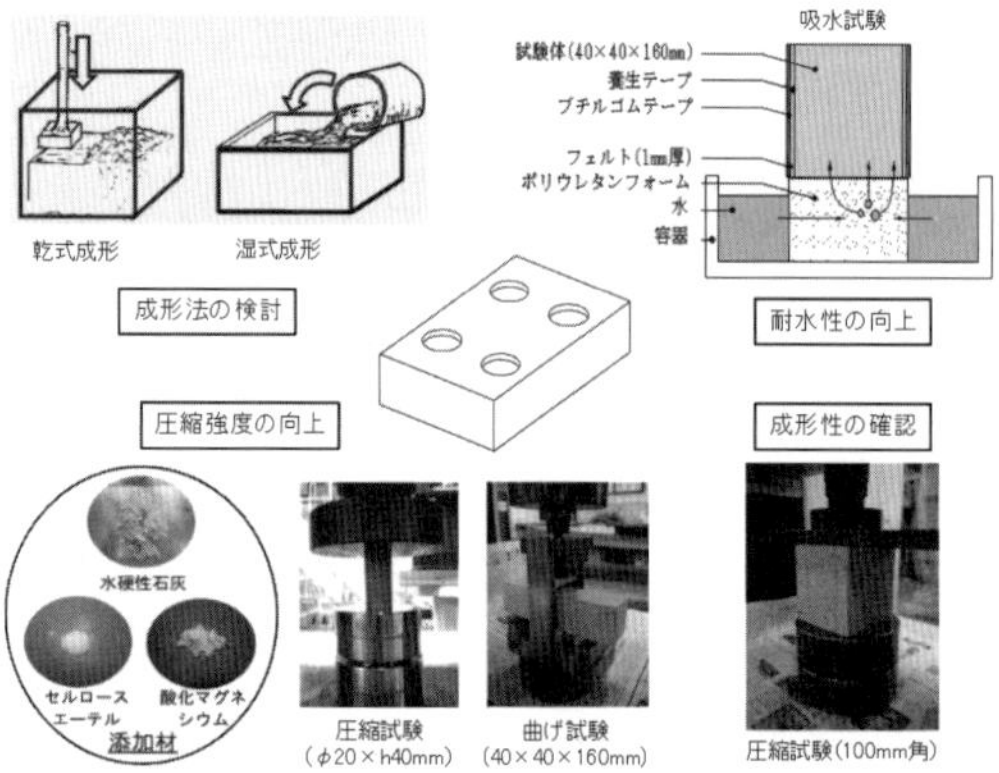

組積耐力壁土に用いる非焼成土ブロックに関する材料実験の概要

土ブロックの製造と養生

一方で、このプロジェクトでは、建設現場近くで採取したごく普通の土を使うということでしたので、まずはその土の基本物性、すなわち粒度分布、コンシステンシー曲線（水を加えて可塑状態にしたときの軟らかさや粘り気に関係する性質）、乾燥収縮率、乾燥固化の際の凝集力（圧縮強度で評価）を測定しました。

さらに、土ブロックの製造は、建設地付近の敷地を借用して、日除けや雨除けがある程度のほぼ屋外で、大掛かりな装置は使用せずに人力で成形し、即時に脱型して、その場所で養生するというのが条件でした。レンガなどの成形法は、水の多少によって湿式成形と乾式成形に大別されます。湿式成形は、土に水を多めに加え、軟らかくして型に流し込む方法で、乾式成形は、

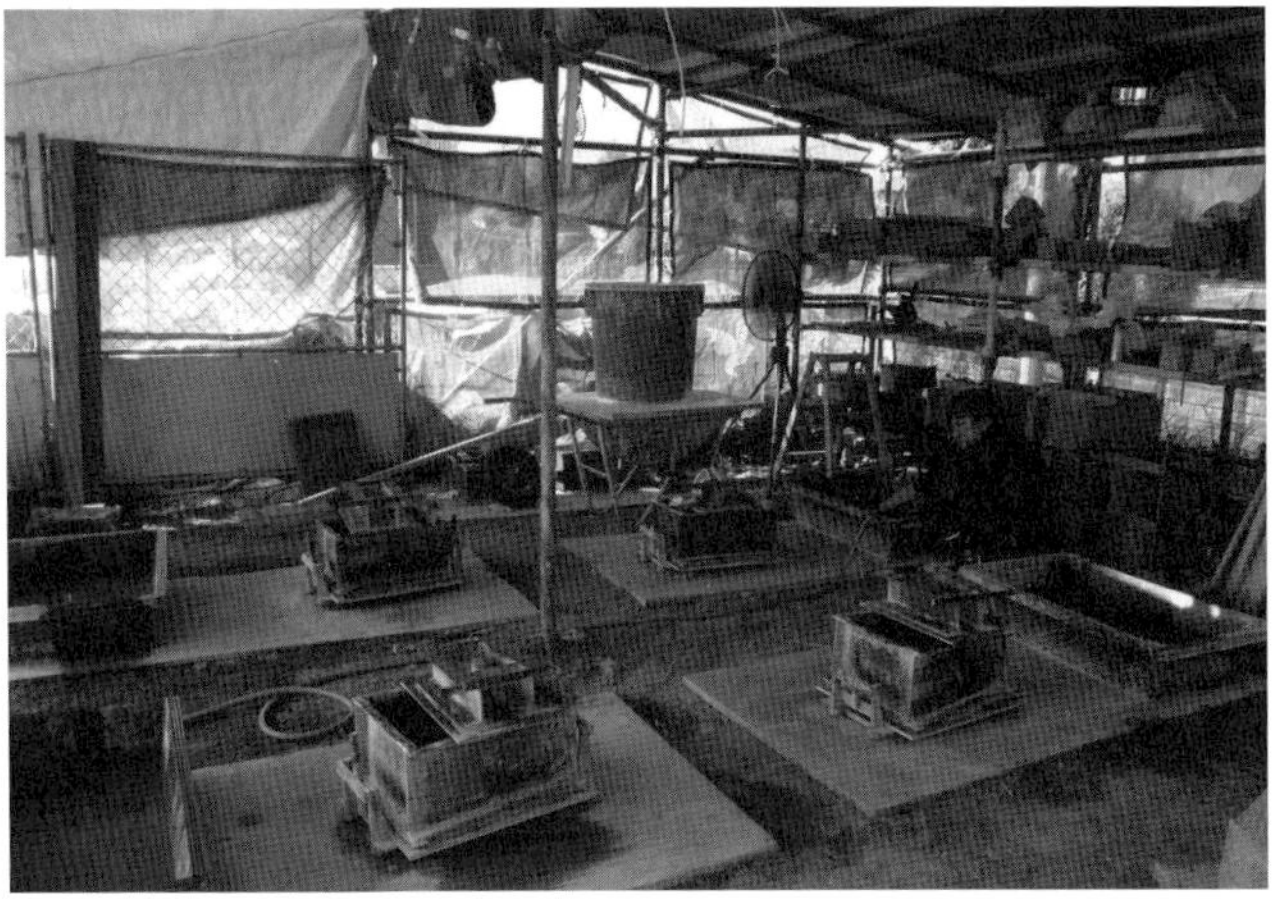

土ブロックの製造場所の様子

必要最低限の水を加えたパサパサ状態の土を型に投入し、圧力や衝撃を与えて充填する方法です。レンガ、石、コンクリートなどの多孔質材料では、充填密度を高めるほど圧縮強度は大きくなるという関係が成立しますので、今回の用途では、余分な水は加えない乾式成形のほうが強度の点は有利であり、しかも、乾燥による収縮も小さいのでユニットの寸法精度は良くなります。ところが、乾式成形では強力な圧力や衝撃が必要ですので、結局、このプロジェクトでは、人力で成形可能な、やや多めに水を加えた乾式成形といったあたりを狙うことになりました。

土成形体の充填密度を上げるためには、土単体ではなく、骨材（砂や豆砂利）を混合するのが効果的です。一方で、適量の微粒分も含まれていないと、土ブロックの出隅がシャープに仕上りませんし、表面も平滑に仕上がりません。これらの条件をクリアできるバランスの良い粒度分布を、ややサイズアップした試験体を何度も試作し、絞り込んでいきました。

もう一点、先に述べたように、酸化マグネシウムは水との化学反応によって硬化するため、正常に強度を発現させるためには適切な養生が必要です。特に、成形時の水を極力、逸散させずに湿潤状態を保つことが重要であることから、ビニールシート掛けとし、適宜、散水も行いました。もちろん、圧縮強度に対しては、酸化マグネシウムの添加量や水量の影響が大きいので、この関係は、別の実験で確認しました。

土ブロックの組積壁

住宅の設計が進み、土ブロックのサイズが長手40 cm×幅25 cm×厚10 cmに決まりました。長手

アース・ブリックスの基礎部の積上げ状況

を壁厚方向に使います。厚さは15 cm程度あったほうがプロポーション的には良かったのですが、ブロックが重くなりすぎ、足場の上での積上げ作業が苦しくなるため、支障のない20 kg程度におさまる厚さとなりました。

　組積耐力壁として、水平力に対する一体性を確保するため、コンクリートブロック造などでは、ユニットの空洞に鉄筋を配し、モルタルやコンクリートを充填しますが、このプロジェクトでは、補強筋をいっさい使わず、ユニット間のせん断力だけで抵抗させるといったことも難題でした。当初はレゴブロックのように、ブロックの上面に凸のダボ、下面に凹のダボ穴を設けたいということだったのですが、へこみに比べて突起のほうが、欠陥なく成形するのは格段に難しく、結局、上下面ともダボ穴を設け、上下ブロッ目地充填材をダボ穴にも充填して、上下ブロックを一体化する方法になりました。なお、組積体としてのせん断耐力実験は東大が担当しました。

この土ブロックの組積壁は、東日本大震災の被災地で、備蓄倉庫や集会所にも適用されています。後者は木造ですので、組積壁は主構造体ではありませんが、どちらも海水に浸かった畑の土を利用するため、塩分が酸化マグネシウムの強度発現に悪影響を与えないことを事前に確認しました。

その後の土成形体研究

これらのプロジェクトが終了した後も、研究は継続して行っています。目標の一つは、プロジェクトごとに使用する土は異なり、必要な圧縮強度、寸法精度、作業性などの要求品質は違うでしょうから、その都度、膨大な試作実験を繰り返して、土、骨材、固化材、水の配合比を決めていたのでは、あまりにも手間がかかりすぎます。そこで、入手した土素材の物性を簡単な方法で測定し、所要の品質や製造条件などに応じて、基準調合を定められる手法を確立しようとしています。もちろん、最終段階では、実大ユニットを何度か試作し、基準調合を微調整する必要はありますが。

コンクリートの調合設計では、コンクリートを、結合材（セメントに水を加えたセメントペースト）で骨材（大小の粒状の岩石）を固めて一体化したものと捉え、その圧縮強度は結合材の強度、すなわち水とセメントの混合比で決まるとしています。これに倣えば、土成形体の場合も、水を加えた酸化マグネシウムが結合材、土と砂の混合物が骨材であり、成形体の圧縮強度は水と酸化マグネシウムの混合比で決まるはずなのですが、そう簡単にはいかず、二つの補正が必要となります。一つは、加えた水の一部が土の微粒分に吸収され、酸化マグネシウムとの反応に寄与しなくなること、もう一つは、土の微粒子は吸水によって膨潤し、その状態で成形され、硬化後にその粒子は乾燥して収縮するため、結果として、硬化体中に微細な欠陥（ボイド）を形成することになります。これらが圧縮強度に及ぼす影響を実験で確認し、その関係を一般化した式を用いて基本調合を補正できるようにしたいと考えています。

もう一つの目標は、関東圏の地面の表層の数メートルは、富士山や赤城山の火山灰を起源とした関東ローム層です。関東ローム層には、アロフェンという粘土鉱物が多く含まれています。アロフェンを含む土粒子は、それ自体が多孔質であり、しかも、複数の粒子が内部に空洞をもった団粒構造（二次粒子）を形成しています。そのため、掘削工事などで乱してしまうと、内部の空洞に蓄えられていた水がにじみ出てドロ状になってしまい、また、埋戻し材として利用する場合も、団粒構造が圧密を阻害し、硬く突き固められないなど、取扱いがやっかいな特殊土に位置付けられています。前述の「アース・ブリックス」の建設地は、関東ロームの分布範囲から外れていたため、特に支障はありませんでしたが、関東圏の土は、耐力ユニットの成形に適さないものが多いと予想されます。研究の課題としては、成形体の充填密度の向上のための団粒構造の解砕方法と、逆に、多孔質粒子や団粒構造に起因した吸放湿特性（調湿性）を活かした利用も模索しています。

もちろん伝統土壁の研究もまだまだ続けるつもりです。

第2章

そこいらにあるもの

山梨知彦

「そこいらにあるもの」は、限りなく環境に近い。そこから素材を見出した建築ができたら、それは、環境にやさしい存在になる

そこにある土、そこにある水、さらには風や光、気温までをも〈素材〉として扱う。「そこいらにあるもの」というのは、環境と素材を結ぶキーワードであり、山梨知彦氏はここに正対し、追究を重ねている。そのスタンスが顕著に具現化された代表的な大型建築に、1000㎥の国産材を使った「木材会館」や、高い環境性能を確保した革新的なオフィスビル「NBF大崎ビル」（旧ソニーシティ大崎）がある。これら建築は、「そこいらにあるものだって、発想しだいで生き生きと使える」という山梨氏の証であり、また、今日の社会が抱えている問題に素材がどうかかわるべきなのか、一つの新しい道筋を照らし出している。

＊

環境を重視する時代になり、こと大型規模のものについては、環境性能の観点から、建物をつくること自体が存在悪、必要悪のようになっています。景観も含めて。その流れを受け、昨今ではランドスケープデザイナーが「環境が悪くなったぶん、木を植えましょう」とやるわけだけど、

それは対処療法ですよね。あるいは、環境悪化を予測して、太陽電池や風車などの環境装置を備えるという話になる。標準の建築にトッピングするわけです。それも一つの方法ではありますが、僕はそれ以前に、建築の存在そのものが環境にやさしくあってほしいと考えているのです。

例えばラーメンを食べる時。僕は食い意地が張っているから（笑）、何でもトッピングしちゃうんだけど、それはきっと体には良くない。どこか通じている話で、いい建築をつくるには、「存在自体が環境にプラスに働く」という視点が一つあると思うのです。その建築が置かれる環境にある雑多なものから、適材適所の観点で素材を見立て、選び出していくプロセスでつくるということ。この前提に立つと、「そこいらにあるもの」は、限りなく環境に近い。建築をするなら、木や土、水、風など、そこにあるものを使えないだろうか。奇をてらわず、身の回りの環境から素材を見出した建築ができたら、それは環境にやさしい存在になるのではないかと。

ほんのちょっと良くなる程度の積み重ねでいいんですよ。そもそも、すごく複雑なネットワークで成り立っている環境を爆発的に良くしようとすることなど危険極まりない。CO_2が増えているからといって、急激に吸収するようなことをしたら、地球上のバランスが崩れてしまう。だから、少しずつ削り込んで「どうかな？」と試していく。そこいらにあるものを生かすというのは、環境建築においてちょっと効果的な正しい方法を採ることであり、それが100年、200年という時の流れでバトンタッチされていけばいい。もとより、僕は素材に対する興味が強いのですが、チソカツに参加したのを機にこういった志向、スタンスがより明確になったのです。

「そこいらにある素材でつくる」。遡れば、それが建築の基本であった。天然建材である「アドベ」だったら土、石造りなら石、木造なら木、概ね〈そこの裏山〉あたりから採れた素材でつくられてきた。しかし現代は、大型建築のみならず小さな建築も「そこいらにあるもの」が生かされていない。工場で大量生産するプレファブリケーションが正しいとされてきた20世紀建築がもたらした結果だ。「それが本当に正しいのか。そろそろ疑問を差し挟まないといけない時代になってきた」と、山梨氏は語る。

＊

わかりやすいのは食べ物。大量生産の美学からすると、これまでは、例えばキュウリにしてもトマトにしても、きれいで形の整った均一なものがよしとされてきたけれど、今はそうじゃない。たとえ虫食いがあっても、それは安全性の証だし、遠くで採れた野菜より、隣の農園でつくられた野菜のほうが新鮮で美味しいことに、皆気づき始めている。あるいは地酒や地ビールのように、地方でちょっとずつ美味しいものをつくったほうが喜ばれる時代でしょう。同じようなことが、建築の世界でも起きつつあるのを感じています。

ここで視野に入れるべきは、デジタルテクノロジーの存在です。地酒でいえば、昔は杜氏の勘頼みだったのが、今ではコンピュータでのデータ管理がしっかりしてきたことで一般化が可能になった。また、生協のような全国組織でも、データが完備されているから近場の野菜が効率良く手に入るようになったわけです。近隣の食材というと、一見古いものが回帰しているように映るけれど、そうじゃなく、バックアップしているのは電子的に流通している情報やテクノロジー。古いものとテクノロジーが結びつくことで、大量生産に負けなくなり、人々の欲求を満たしているのです。

建築もそうなるべきです。大型の現代建築イコール工業生産という常識はもはや疑問。大小に限らず、現代建築においてですら、大量生産的なプレファブは稀で、プレファブリケーションされた部材を使いつつも、個々に味付けをされた一品生産としてつくられているのが一般的です。そして、その一品生産を支えているのがデジタルテクノロジーとなりつつあるような気がしています。例えとして食べ物の話が多くなりましたが、食べるって人間の根源的な欲求だから、論が幅を利かす建築よりよほど素直に事象が現れる。実は参考になることが多いんですよ。

宝物のような材料ではなく、ありふれたものにひと捻り、ふた捻りを加え、その素材を最高に生かす。それこそが、デザインの本質である

山梨氏が設計した「木材会館」は、都市建築における木材の復権を狙ったものだ。同建築が国産材の需要拡大モデルとして高く評価されたのは、市場に出回っている規格品を活用した点にある。大規模建築に木を使う場合、構造部材は集成材にするなど特注品を用いるケースが多いが、山梨氏は「いつでも誰でも容易に入手できる規格品を使うこと」を前提とした。不燃処理された木材ではなく、ヒノキを主とするムク材がふんだんに配された木材会館には、心地良い香りが満ちている。

＊

調べてみると、集成材はコストがかかる。加えて、外装にも施すことを考えれば、接着剤という不連続な面があると、浸透した雨水による界面剥離のリスクがあります。今どきの接着剤は品質がいいとされているけれど、建築を１００年使うことを目指すならば、なるべくムクの木材を使いたいよね。

それを安く手に入れるには、やはり規格品がいい。こだわったのは「三五（さんご）」、すなわち3寸5分角の伝統的な木材。マーケットで一番流通している材料は尺貫法に基づくものですが、木造住宅の柱に最も多く使われてきた3寸5分は、僕らの記憶に引っかかってくる材料でもあります。木造住宅に住んだことのある人たちは、あの寸法の角材を見ると、どこか懐かしさを感じるんですよ。柱に傷を付けて背くらべをした頃の……懐かしく、穏やかな記憶が蘇るというか。ムク材って不思議で、日本で生まれ育ち、その中で木造建築に慣れ親しんできた方ならば、木材

木材会館の外部クローズアップ。内外装を構成している材料は、3寸5分の国産ヒノキ材だ。すべての部材は、接着剤を用いることなくボルト止めにされていて、収縮による割れを防ぎ、また容易に交換ができる。

木材会館の外装。内部同様、すべての部材は3寸5分角のヒノキからつくられている。見た目の美しさだけではなく、日本の強い西日を遮る庇としても機能している。

木材会館最上階にある木造のホール。最上階の屋根構造は、自分自身の重さを支えるためのものなので、大型のビル建築においても、軽い木構造を採用することは合理的。適材適所の好例。

の表面に傷ぐらい入っても、ちっとも気にならない。日本に暮らす多くの人たちは、子供の頃から木に触れる機会があったわけで、その手触りや香り、傷までも記憶として持っている。木材会館では、物理的に「そこいらにある」木材を生かすだけでなく、人々の記憶も「ありふれた素材」として捉えたのです。

常々、大型建築で素材を復活させるなら木だろうと考えていました。ただ当時、木造のオフィスビルなんてなかったし、木材会館とはいっても、計画当初は木材が使えるなんて思ってもいなかった。発注者である東京木材問屋協同組合は、当然木材に詳しいので、むしろ「オフィスでは使えないでしょうから、無理しないでください」と。逆に、これがいいヒントになりました。無理するなということは、適材適所で使えばいいわけです。外装だけでなく、手に触れるところは木のほうがいいし、天井も石膏ボードじゃなく木を使えば軽く、味わいも出る。そう考え、適所を割り出していったのです。本来、クライアントも木が大好きなわけで、適材適所で合理的に木材を使うことに反対する道理はありません。理解をいただいて実現した、初の木のオフィスです。

＊

次いで、2011年に竣工した「NBF大崎ビル」（旧ソニーシティ大崎）。北東面外壁全面に設けられた簾《すだれ》のようなルーバー（陶器管）が大きく目を引く。このルーバーには、貯留雨水を循環させてヒートアイランド現象を抑制する「バイオスキン」という技術が使われており、いわば外壁全面に〈打ち水〉をしたような状態になる。

空調負荷を減らすだけでなく、周辺への配慮も含めた高い環境性能を確保した同ビルは広く称賛を集めた。山梨氏が素材として捉えたのは雨水。正に「そこいらにあるもの」で、ヒートアイランド現象の抑制にも寄与する世界初の試みが実現したのである。

＊

実は、都心部って雨水を排出するインフラが脆弱《ぜいじゃく》なんですね。東京の大型ビルの地下には雨水タンクが備えられており、雨が降れば雨水をいったんタンクに貯めて、晴れた日に少しずつポンプアップして排出しているわけです。大崎も典型的に雨水排出インフラが弱い地域だったので、地下に貯め込まなければならない雨水を、地域素材として捉え直してみたのです。貯留雨水は、トイレの洗浄水などにも使われたりしますが、大半は電気を使ってポンプアップされて、下水道に排出されるだけです。エネルギーが貴重なこの時代に、これは惜しい。環境に配慮した、もっと効果的な使い方があるんじゃないか……と。

過去100年で、東京の平均気温は3℃上がっている。不勉強な頃は、その主たる原因は地球温暖化にあると思っていたのですが、ちゃんと調べてみると、温暖化した結果上昇した気温はわずか0・6℃。じゃあ残りの2・4℃は何なのか。実はヒートアイランド現象が原因なんですよ。これは都会が求めるアクティビティの下、広義には都市生活者全体が引き起こしているわけですが、コンクリートジャングルをつくってきた僕ら建築家にも責任がある。地域素材を使って、もし、上がった温度を少しでも下げられるのなら、意義あることだと思ったのです。

ＮＢＦ大崎ビルの設計にあたっては、何より安全な超高層ビルにするため、ファサードにバルコニーを配したんです。そうすると手すりが必要になる。そこで思いついたのが、手すりを陶器のパイプでつくり、そこに雨水を流すということ。要はインドの水瓶。ものの本によると、瓶に水を貯めておけば表面から水が滲み出てきて、蒸発することで中の水が５℃くらい冷えるとある。じゃあその原理を使ってみようと、大学にも協力依頼し、実験を重ねていきました。

すると最終的に、陶器でつくった実験装置周辺の空気の温度が、雨水を蒸発させるだけで２℃ほど冷えることがわかった。わずか２℃ですが、環境はマイルドに変えるべきものだと考える僕にとっては、具合のいい数字です。10℃も下がるものをつくったら、何か悪さを起こすかもしれないでしょう。わずか2、3℃の話だとはいえ、過去の建築家たちがつくったビルでヒートアイランド現象が起きたのだとしたら、その悪行をキャンセルできるともいえるわけで、面白いじゃないですか。僕は、表面がカッコいいとか、あるいは宝石のような材料を使った建築をつくろうとは考えていない。そこらにあるものにひと捻り、ふた捻りを加え、素材を最高に生かす編集をしていくことこそが、僕のデザインの持ち味だと思うんですよ。

左頁・NBF大崎ビルの外観のクローズアップ。陶器のパイプは、簾のように必要最小限の部材で組み上げられ、手すりとしても、ヒートアイランド効果を抑制する画期的システム「バイオスキン」としても働く。

バイオスキンのクローズアップ。手すりとなっている陶器のパイプの中に水を通し、滲み出た水が蒸発する際に奪う気化熱を使って、建物の表面を冷やすことができる。

NBF大崎ビル（上）とバイオスキンのサーマルカメラ映像（右）。雨水を蒸発させるだけで、バイオスキンの表面温度は気化熱により最大12℃ほど冷やされ、その結果、建物周辺の気温は2℃ほど冷やされる。

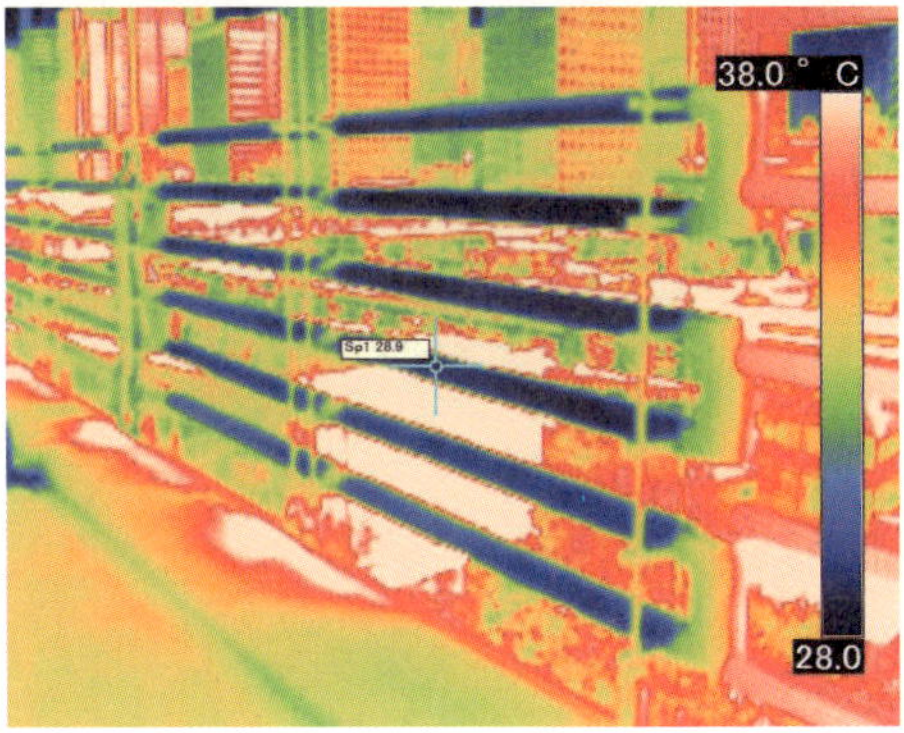

大崎駅側から外観を見る。外壁に配置された陶器のパイプに雨水を流し、都市を冷やす「バイオスキン」という仕組みが、他の超高層ビルでは見られない繊細な表情を生み出している。

建築は1回ごとのイベントである。大型建築も、そろそろ大量生産の美学から脱却し、一品生産に戻していかなければならない

大型建築だけではない。素材を最大限に活用する山梨氏の発想は、住宅にも貫かれている。栃木県日光市にある中禅寺湖、その水面に張り出すように建つ夏のセカンドハウス「On the water」。この場所が有する美しい景観を、ただ眺めるのではなく、身体全体で味わうための工夫が随所にちりばめられた家だ。住み手が夏季のみの利用を考えていたことから、あえて無断熱とし、夏でも20℃前後という土地の気候も素材として生かした。そして、とりわけ山梨氏がこだわったのは、「眺望を素材として採り込むこと」である。

＊

何をしたかというと、常識的には住宅に使わない大きさのガラスをはめ込んだのです。〝眺望が命〟ともいえる場所なので、ガラスという材料を住宅作家とは違う発想で使いたかった。普段、オフィスビルなどで、大型ガラスの扱いには慣れているわけですから。最終的に割り出した寸法は、高さ2・2m×幅10m。実はこれ、工場からガラスを割らないで、日光のいろは坂を運搬で

きるギリギリ最大の寸法なんですよ。

サッシも何も入らないガラスで、コンクリートの構造体にドンと収まっているだけ。通常なら「ペアガラスが必要だよね」となるんだけど、それでは大きなサイズがとれず、どんどん眺望が遮られてしまう。日光の夏の外気温は快適で、空調はいらない。つまり、室の内外で気温が変わらないわけで、だったら、ペアガラスである必要もないのです。でき上がってから、すごく高級な住宅建築をデザインしたようにいわれるのですが、何も考えずにペアガラスを入れて、サッシレスにして、とやるよりは、実はずっとコストが抑えられています。ガラスもありふれた材料だけど、On the waterのような選択ってなかなかないんですよ。

近くに、アントニン・レーモンドが設計したイタリア大使館の別荘がありますが、この場所も眺望がとてもいい。でも、当時のことでフロートガラスなんて存在しなかったから、使われているのはサッシ割りのある小さなガラスです。今、もしレーモンドがいたら、僕と同じことを考えただろうと思う。On the water は、大型建築に携わる僕という建築家が、住宅をつくることになったから生まれた発想で、つまり〝僕という素材〟を生かし切ることでもあったのです。

＊

「建築は1回ごとのイベントである」。山梨氏のこの言葉は印象的だ。例えば、こういうことである。「木材会館がいいからといって、同じようなものをつくってくれといわれても、基本的にはNO」。また、世界初となった前出の外装システム・バイオ

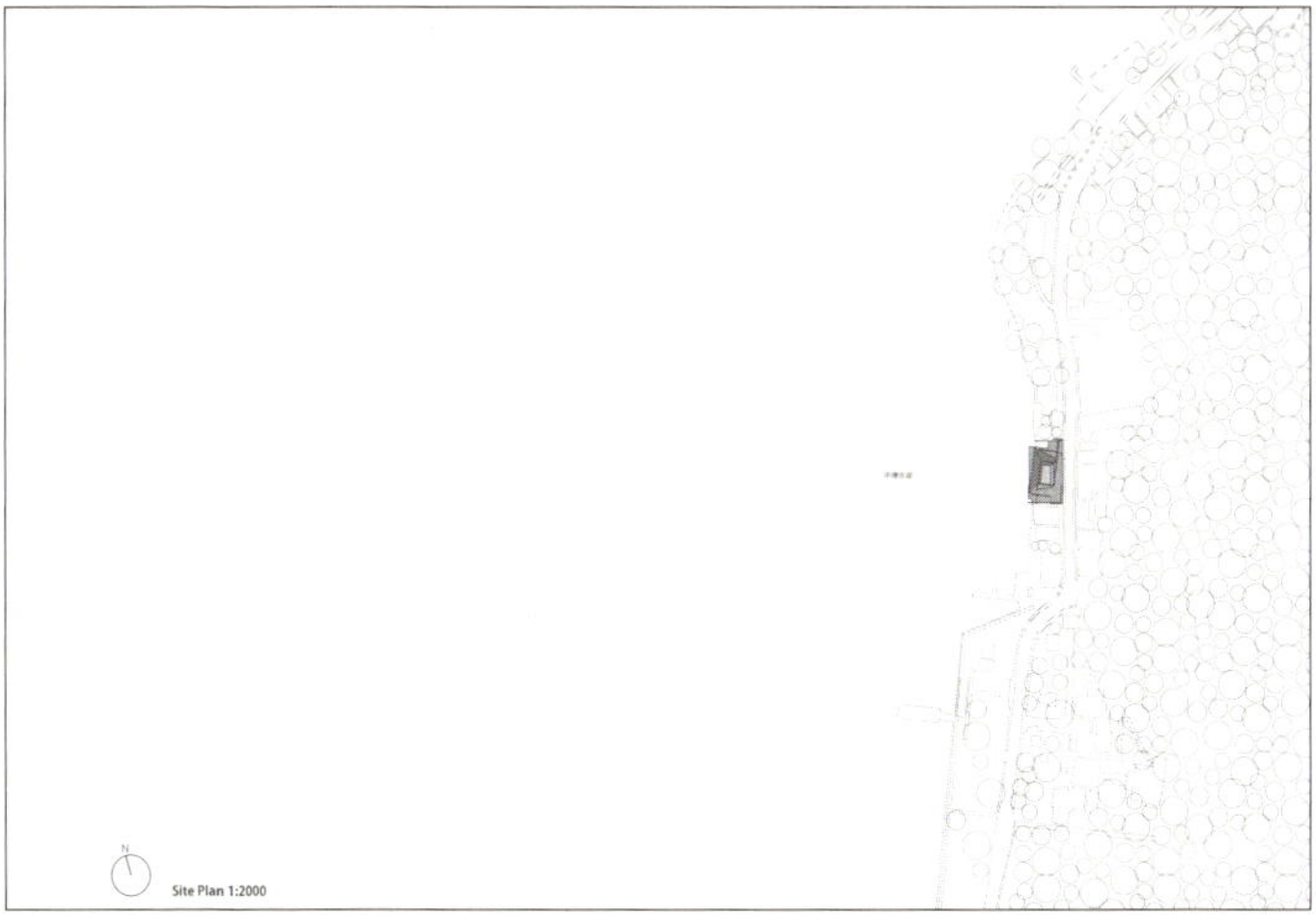

On the waterの外観。湖水をこの敷地における最高の素材と捉え、建物各部から水辺への視線を最大限に楽しみつつ、最終的にいかに水辺に近づいた生活を成立させるかを目指したゲストハウス。

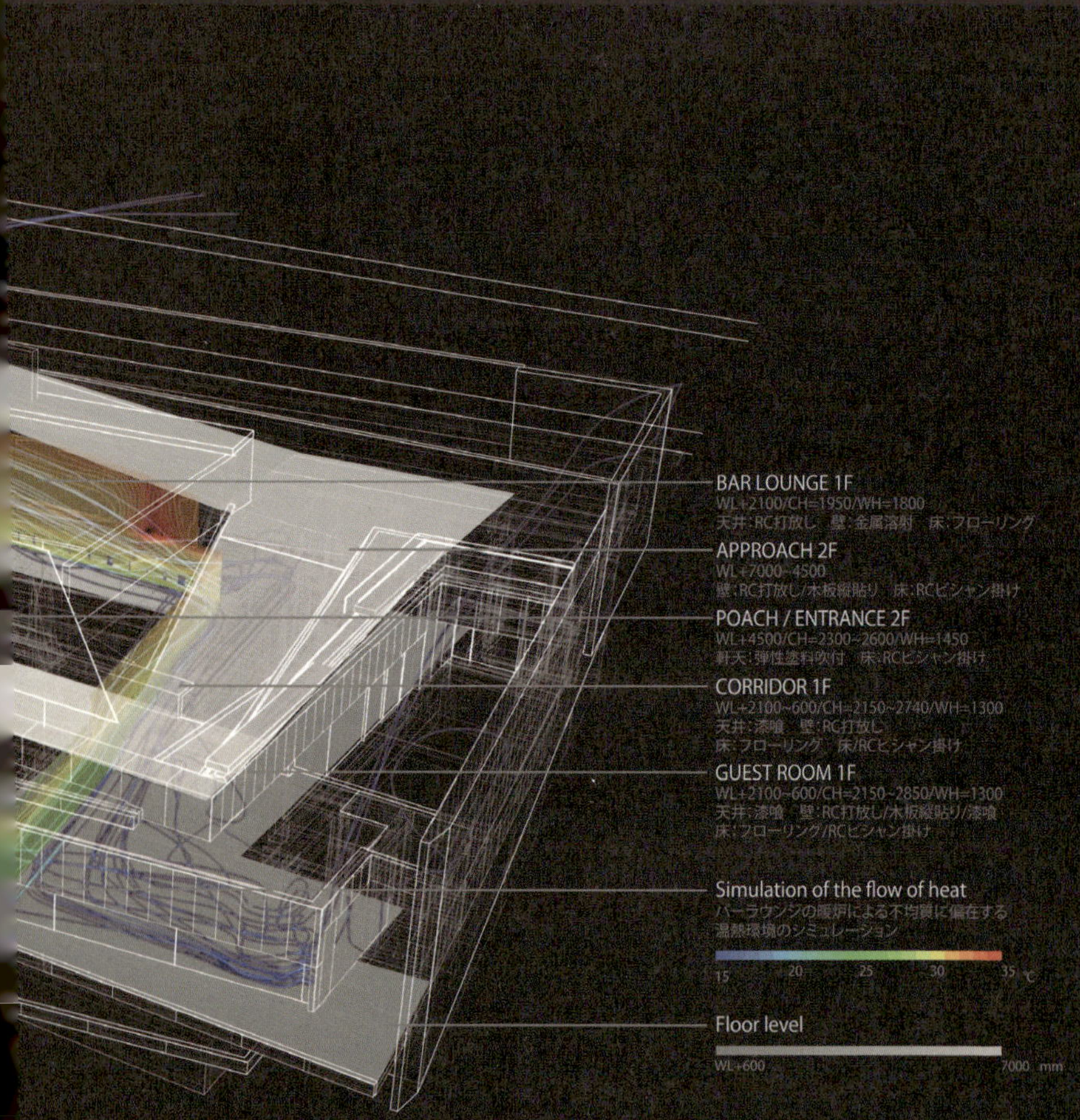

On the waterの、風と温熱環境のシミュレーション図。水辺に近づくために生まれたひとつながりのらせん状の空間を生かして、湖面を流れてきた冷やされた空気だけで、この住宅全体を冷やしてしまい、夏でも冷房設備が不要な計画を目指した。

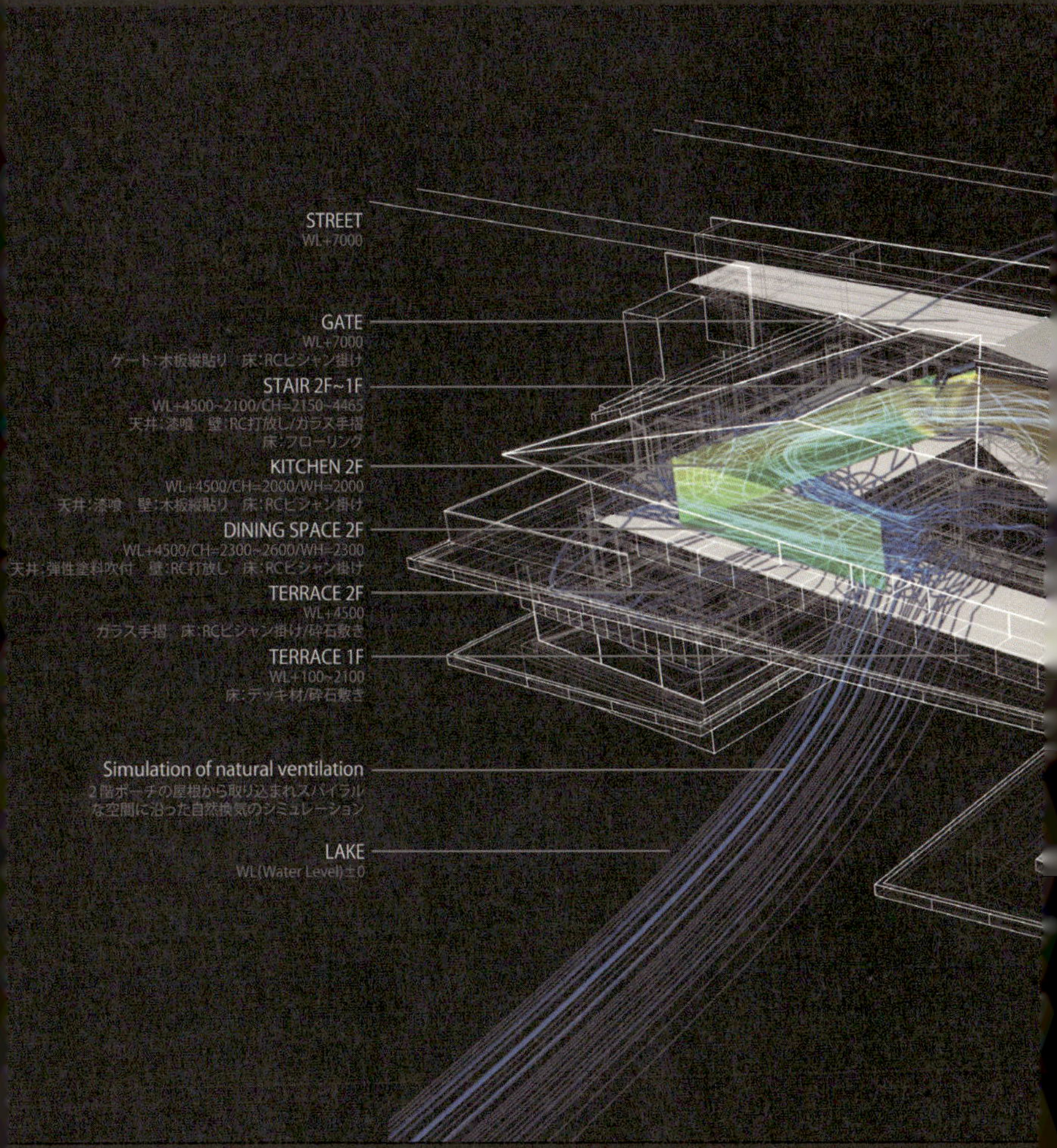
STREET
WL+7000
GATE
WL+7000
ゲート:木板縦貼り　床:RCヒシャン掛け
STAIR 2F~1F
WL+4500~2100/CH=2150~4465
天井:漆喰　壁:RC打放し/ガラス手摺
床:フローリング
KITCHEN 2F
WL+4500/CH=2000/WH=2000
天井:漆喰　壁:木板縦貼り　床:RCヒシャン掛け
DINING SPACE 2F
WL+4500/CH=2300~2600/WH=2300
天井:弾性塗料吹付　壁:RC打放し　床:RCヒシャン掛け
TERRACE 2F
WL+4500
ガラス手摺　床:RCヒシャン掛け/砕石敷き
TERRACE 1F
WL+100~2100
床:デッキ材/砕石敷き
Simulation of natural ventilation
2階ポーチの屋根から取り込まれスパイラルな空間に沿った自然換気のシミュレーション
LAKE
WL(Water Level)±0

建物から湖を見たところ（上）と、湖から見た外観（下）。何気なく見える建物からの風景も、湖全体の地形をBIMに採り込み、視線の抜けや広がりを綿密に検討した結果生まれたものである。

スキンについても、工業生産を望む声が挙がる中、やはりNOの姿勢をとる。コンセプト自体は展開できるが、バイオスキンを製品にして固定化してしまったら、「そのプロジェクトにとって最適化にはならない」からだ。一期一会、換言すれば一品生産が建築のあるべき姿だと、山梨氏は考えている。

＊

仮にバイオスキンと同じシステムを中国でやるとしても、まず手すり、陶器管をつくるメーカー探しが難しい。外壁に雨水を通すなど、外装メーカーは皆いやがりますから。日本でもすったもんだして、最終的にTOTOさんが快諾してくれたのですが、それは水回りの住宅総合機器メーカーだからで、「陶器の中に水を通すのは得意なはず」と考えた僕らが打診して実現したことです。加えて、TOTOさんは多治見（岐阜県）に工場を持っており、色合い的にも具合のいい多治見の土を活用することができた。地域素材を使えば、輸送に要する燃料やCO_2排出量の削減にもつながるわけで、いわばフード・マイレージでいうエコ化も視野に入れています。

そもそも、現地に貯留雨水がなかったら意味がなく、水道水ではコストが高くついてしまう。確かにバイオスキンは面白いと思うけれど、その環境に一定の条件が備わっていなければならないということです。ただ、コンセプトは展開できる。隣に池があれば、池の水を使うかもしれないし、それは井戸水かもしれない。そうなると、温度が低いから、ダイレクトゲートを使ったほうがいい……とか、そういうことを考えるのが建築家。だから一期一会。建築って、1回ごとのイベントだと思っているのです。

コルビュジエが提唱したドミノ・システムの背景には、大量生産によって建築をつくることで、その品質を上げるという思想があります。でもそれは、人の手でレンガを積み上げていた時代の話。確かに、その時代の建築の質を画期的に変えたけれど、今は違うでしょう。超高層ビルにしても、パーツは工場で必要なだけつくられていますが、それらが工場に山積みされているわけではない。必要なものが、必要な時につくられている。だから、大きな意味では一品生産なんですよ。僕がやりたいのは、大型建築も大量生産の美学から脱却して、きちんと一品生産に戻すということなのです。

素材とデジタルテクノロジーの融合によって、「新しい素材」「新しい使い方」が創出される。それは、ものづくりの頂点への復権でもある

デジタルテクノロジーの長足の進歩は、新たな建築の扉をも開いた。「大量生産に帰するのではなく、建築を本来の一品生産に戻すには、ITテクノロジーを正しく、

柔らかく使うことが欠かせない」という山梨氏は、新技術を推進する先鋒としても名高い。自著に『BIM建築革命』があるように、ことBIM（ビルディング・インフォメーション・モデル）については、あらゆる設計場面で活用している。ITテクノロジーは素材と並ぶ重要関心事で、この掛け合わせこそが、山梨氏の真骨頂なのである。

＊

例えば、デジタルによる出荷管理で、かなり複雑なこともできるようになった。大量生産の美学に基づき、工業製品だと、均等スパンのほうが〝正しい美学〟とされてきましたが、もう、各スパンが変わっても管理できるんです。四角い建物には均等に柱が立っているけれど、実はコーナーと中央の柱とでは応力が違うわけでしょう。古く唐招提寺なんかを見れば、柱の幅が全部違っているように、きちんと考えてみれば、そのほうが合理的かもしれない。本当に必要なスパンにし、材料を可能な限り使い回す、それが合理的というものです。今は三次元ＣＡＤなどがあり、面倒な作業も比較的楽に、正確にできるようになってきました。多少設計が面倒くさくなっても、良い建築ができるならいいじゃないですか。僕らは、そのために生きているんだし（笑）。

デジタルテクノロジーは道具であり、正しく使えば効力を発揮します。木材会館の時は、木材加工にＣＮＣマシンを用いることで、精密かつローコストな加工が実現しました。そもそも、職人さんに頼もうにも、職人さん自体がひどく減少している時代です。機械を使えば１００倍くらいの速度でつくれるから、加工賃は爆発的に安くなり、なおかつ正確。これは僕自身が実感したことですが、木は金属に比べてすごく軟らかいから加工しやすいんです。ＣＮＣマシンで金属と木材を削るのとでは、木のほうがいい加減な気がするでしょう？　でも考えたら、金属で金属を削るのは大変なわけで、木材のほうがよほど正確な仕上がりが望めます。木材という人間にとってタッチーな素材が、ＩＣＴ（インフォメーション・アンド・コミュニケーション・テクノロジー）により、その感覚だけを残して緻密な材料に生まれ変わる。もちろん、手で扱ったほうがいい素材、地域もあるけれど、デジタルテクノロジーとの融合によって、新しい素材や使い方が創出される可能性もあるということです。

ＢＩＭは、関係者とのコミュニケーションツールとして、その重要性が高まっています。ＮＢＦ大崎ビルでいえば、バイオスキンがどの程度有効なのかを、ＢＩＭによる「見えないものを見えるようにする」シミュレーションで提示し、理解を得られた。On the water も同様です。ＢＩＭを使えば、風の流れ、山や湖がどこまで見えるかなどの計算もできる。それに、３Ｄで見るプランなら、住み手はもちろん施工者、設計者、誰もが正確に状況を把握できます。実際、On the water は地元のゼネコンにやってもらいましたが、三次元でつくったデータがあれば、「複雑だからできない」という話にはけっしてならない。三次元設計なら、一品生産であっても、事前にしっかり試行錯誤ができるということです。

＊

地域にあふれた素材を別の視点で捉え、適材適所に、新しい技術を用いて活用していく。山梨氏は「チソカツの活動は、まさに時代の要請」だと捉えている。常よりマスカスタマイゼーションを志向する山梨氏は、ここでキーワードとして「インダストリー4・0」を挙げる。見据えているのは、建築を〈ものづくりの頂点〉へ復権させることである。

＊

今、世界中がマスプロダクションからマスカスタマイゼーションに向かっています。ここに向かう時に大事なことは、プロジェクトにおいて、身近にある素材をどう最適な状態で使うか。かつ、どう大量生産に負けない適切なコストでつくるか。その視座に立つチソカツの活動は、まさに時代の要請でもあると思うんですよ。

前述したように、大量生産された規格品のキュウリより、近くの農園の曲がったキュウリのほうが美味しいと、人々は気づき始めています。そしてもっと大きな話をすれば、現在、ドイツが総力を挙げて取り組んでいるインダストリー4・0というメガ・プロジェクトがある。家電製品から始まり、電子機器や自動車など、大量生産されてきたものを、工業のデジタル化によって製造業を根本から変えていこうという動きです。ちょっと大風呂敷かもしれないけれど、僕は、もしかしたら、建築という本来一品生産であるもののほうが、マスカスタマイゼーションやインダストリー4・0に近いことができるんじゃないかと考えているのです。

ルネサンスの頃には「建築は総合芸術だ」といわれ、ものづくりの頂点にあったわけです。いろんなものを複雑に組み合わせて一品生産する——今まさに、建築にそういう復権へのチャンスが訪れているんじゃないかと。素材やデジタルテクノロジーを駆使し、一品生産を正しくつくる技術が建築で確立できたら、それは、ほかのものづくりにもインパクトを与えるでしょう。翻れば、建築はもともとそうだったのに、20世紀建築は悪しき影響を受け続けてきたのかもしれない。

素材だけでなく、その加工、施工・監理などといった支える技術も併せてやっていけば、建築をものづくりの最先端に押し戻せる可能性があります。「地域素材利活用」というと、何やら古くさいイメージがあるかもしれませんが、まったく逆で、新しいものづくりの根源に触れている。チソカツの活動は、建築からものづくり全体に対する逆襲とでもいいたいところです。まあ、どうなるかはわかりませんが、夢を持って、それくらいの考えでやっていかないと面白くないですからね。

そこいらにあるものの価値を見立てる

松岡恭子

「そこいらにあるもの」とは実は私が命名させてもらったと記憶しています。2015年に東京で開催したチソカツのシンポジウムの切り口を皆で議論をしていたときに、山下さんには「みすてられたもの」から、水野さんには「うつろいゆくもの」から、山梨さんには「そこいらにあるもの」からチソカツを考える、としてはと提案したのです。3人が面白がってくれて、中でも山梨さんに「そこいら」がウケました。というわけで責任をとって、このコラムではそのの範囲を少し拡大できたらと思います。耳目を集めるシンボリックなプロジェクトではなく、「そこいらにある」プロジェクトの価値を見出し「そこいらにある」技術をあてることによって、建築の「公共性」を高めるアプローチです。

まずは「人の褌で相撲を取る」バージョンとして、自分が設計したわけでもない建築を社会資産としてまちづくりの核に据え、取り組んでいる活動をご紹介したいと思います。

NPO法人福岡建築ファウンデーション

福岡にある建物の面白さや価値を意外に市民が知らない。あるとき書店で何気なく観光ガイドブックをめくるうち、福岡の本を開くと飲食の紹介ばかりで、観光に欠かせない建築のことがほとんど掲載されていないことに愕然としました。福岡市には日本建築界を牽引した巨匠の建物がたくさんあるだけでなく、世界を席巻する海外の建築家が手がけたものも多いのですが、一般にはまったく知られていないことに気づかされました。

まちづくりには、まず「そこいらにあるもの」の価値を知ることから。それが福岡・近現代建築ツアーMATｆｕｋｕｏｋａ（Modern Architecture Tour in Fukuoka）を始めたきっかけです。２００９年から3年間、毎年8月の三日間に、福岡市内の建物を中心に市民向けのガイド付きのツアーを開催しました。子供から高齢者まで、そして福岡市民だけでなく全国から参加者を迎え、好評を博しました。ガイドブックをつくったりガイド役を務めたりと活躍したのは、大学で建築を学ぶ学生たち。地元の九州大学だけでなく、私が教鞭をとっていた東京電機大学、そしてタイのチュラロンコン大学まで参加して、3年間で延べ３０００人の参加者にツアーをしました。

それを礎に、２０１２年にＮＰＯ法人福岡建築ファウンデーション（通称ＦＡＦ）を設立。以来、建築ツアーだけでなく、様々なデザイナーを招いたセミナーや子供の建築教育などを行っています。また、ＦＡＦ福岡建築50選

ツアー MATfukuokaの建築ツアー

と称し、優れた現代建築を選び、ウェブサイトで日本語、英語、中国語、韓国語を使って紹介。それらを掲載した無料の地図を市内各所で配布し、建物所有者には記念の盾を贈呈するなどの活動も行っています。すべての軸となっているのは「市民目線」。難しい専門用語ではなくできる限り平易な言葉で建物の魅力を伝え、照明やランドスケープ、グラフィック、インテリアなど、建築を取り巻く広い範囲でのデザインの素晴らしさも紹介しています。

　活動する会員は約50人の様々なプロのデザイナーたち。メンバーからいろいろな企画が立ち上がり実現されていく様子は、理事長である私も驚かされる活発さです。市民の中に建築への興味や親しみが育ち、さらに優れたデザインが花開くための土壌づくり。「建築は文化であり社会資産である」、そして「今あるものの価値をわかってこそ、新しい価値が育つ」が共通テーマです。「そこいらにあるもの」が多くの市民にとって輝く宝石に変わっていくことを祈って。

次に、広い意味で建築だと思いつつ手がけた仕事を二つ、ご紹介します。

私は建築を中心に、プロダクトデザインから土木構造物のデザインまで手がけてきました。掌に乗るサイズのものから、海上に架かる2kmの空港連絡橋までかかわるうちに、いろいろな企業や自治体から相談を受けることが多くなりました。プロジェクトに「きっかけ」「(企業や自治体が抱える)課題」「(実現に導く)プロセス」「最終成果物」の四つのステップがあるとしたら、最終成果物が何かはわからないが解決すべき課題ははっきりしているとか、きっかけや最終成果物は見えているが進め方がよくわからない、といった相談です。したがってデザイン作業だけではなく、プロデュースだったりコーディネートだったりという立場も必要になります。そもそも建築家の役割には本来そういう部分も含まれていますからこちらとしては驚きませんが、まだまだ世の中では狭義のデザインだけをやる人と思われていて、建築家の能力をもっと社会が利用してくれると良いなと感じます。

さて、そういう相談から始まるプロジェクトには「そこいらにあるもの」にこれまでと違う光を当てる、または見方を変えて意味を再定義する可能性があるように思います。

西鉄バス

福岡県と佐賀県の一部を走る西日本鉄道の路線

バスの台数は二千台を超えます。日本一です。創業100周年を機にその内外装デザインを変えたいという相談がありました。きっかけと最終成果物は明らかだったわけです。一方、多くの市民の生活を支えている路線バスの公共性は非常に高いことから、課題を洗い出し、デザイン決定のプロセスを明快にし、一般市民に説明できるようにすることが重要でした。

そこで西鉄バスを、その圧倒的な台数の多さから都市景観の一部だと再定義しました。通りを歩くと見かけないことはなく、何台も連なる状況に出会うことも多い。また利用する頻度から考えると、バスの内部は福岡市民にとって生活空間の一部だといえます。そういう背景から、外装は「動くストリートファニチャー」であり、内部は「友人宅のリビングルーム」である、という軸を設定しました。グラフィックデザイ

新デザインの西鉄バス

ナー、プロダクトデザイナー、プランナーなどの5人を率いるプロデューサー的立場でかかわりましたが、山梨さんのいわれる「そこいらにあるものにひと捻り、ふた捻り加え、素材を最高に生かす編集をしていく」観点からいえば、バスを乗り物ではなく都市景観として「見立てる」ことが建築的視点だったと思います。

到達した外装デザインの名称は「スマートループ」。それぞれ色と太さの異なる5本のループを、真っ白な車体がまとっているデザインです。2008年に走行開始、新車が導入されるごとに少しずつ新デザインのバスが増えていき、現在は都心を走るかなりの台数がスマートループになりました。数台連なっていてもきれいで圧迫感がない、すれ違う姿にリズム感が現れる、何より「街並みが美しくなった」と市民にも愛されています。内部にも移動時間が快適になるよう細かな配慮を施しました。

「そこいら」どころか「そこいらだらけにある」バス。外国人や子供や身障者や色覚障害者などとのワークショップも経て、誰でもが認めやすく受け入れやすいデザインを打ち出す。そして発注会社社内の多くの部署がかかわり、自分事に感じてもらうようなプロセスを構築する。

久山町コミュニティバスのバス停

たくさんの人と関与しつつプロジェクトをまとめる建築家の能力が、そういう役立ち方をしたと感じています。

久山町コミュニティバスのバス停

ある日、人口8000人の久山町からたった1台のコミュニティバスのデザイン依頼が舞い込み、同じメンバーで、バスに加え標識や時刻表デザインまでデザインしました。その後バス停がほしいと町から相談があり、これは私の事務所単独で担当することになりました。ここで欠けていたとすれば「課題」だけ。きっかけも最終成果物も明らかでしたし、プロセスは通常の公共工事でした。

ちょうど同じ時期に、ロートアイアンの装飾金物をつくっている丸任ジャパンという会社から、何か新しい製品開発に取り組みたいという相談がありました。課題だけがあったわけです。二つを組み合わせれば四つのステップがちょうど補完しあいました。「じゃあ、一緒にバス停をつくる?」と巻き込んで、上屋もベンチも完成させたのがこのバス停です。

平鋼を扇子の骨のような束にして、それを二面の壁と屋根に連続させた門型をつくる。それらを3層に重ねてお互いを留めることで、構造的に成立させました。コーナー部分にこそ装飾金物でお得意の曲げ加工を使っているものの、あとは「そこいらにある」汎用品の平鋼を溶接しただけですが、1本では糸のように頼りない材料から、織物が立体化したような新鮮な空間をつくることができました。これができたのは、山梨さんがいわれている「デジタルテクノロジー」との組み合わせのおかげです。装飾金物でしかなかったものに、3Dモデルでの構造の解析を取り入れたことで可能になったわけです。

屋根は中興化成のガラス繊維フッ素樹脂コート膜を、少しむくりをつけてハトメで留めただけ。強風で飛ばされて落下しても人を傷つけなければよいという判断です。普段はドームなど巨大な構造物に使われているハイスペックな材料で、通常の固定部分は風圧に耐えるためにものすごくゴツくなってしまいます。バス停くらいならそんなハイエンドな留め方はいらない。特別な材料としてではなく「そこいら」的な扱いで使える材料と見なすことと、加工したものをそのまま現地に持ち込み固定作業に移れる気軽さ、を中興化成も面白がってくれました。

この方式を、大分県日田市の竹田公園リニューアルプロジェクトで、フォリー、ボラード、ベンチなどにも展開し、現在施工中です。

「そこいらにあるもの」の可能性はもっとあると思います。人々が暮らす環境をもっと魅力的にできる力を、いろいろなモノが潜在的に持っているのだと思います。素材だけでなく素材を当て込むプロジェクトを「見立て」直して再定義し、異なる角度から光を当てる取組みは、まだまだ展開の可能性がありそうです。

第3章

うつろいゆくもの

水野吉樹

その場に何がふさわしいか。求められているものは何か。心に留めているのは、目に見えない大切なものから素材やディテールを追求していくこと

水野吉樹氏が取り組むテーマは、「見えないものからチソカツを考える」だ。そこにある歴史、伝統、風土などといった目に見えないものから大切なものを見つけること。そこに期待される人々の想いをかたちにすること。時に、長い時空を超える「うつろいゆくもの」が、水野氏にとっての素材である。オフィスビルや住宅を始め、幅広いジャンルの建築を手がける中、とりわけ得意とするのは25年来携わってきた社寺建築で、造詣も深い。日本の伝統建築から学んだことを現代にどう生かすか――。水野氏は、その探究が見えないものを可視化する一つの礎となりうるとし、向き合っている。そして、常に〈伝統と革新〉を志向するその活動は、デザインだけでなく、広く構法・構造開発にまでおよんでいる。

＊

もともと日本の伝統に対する憧れが強く、学生時代も、好んで建築史を勉強していました。興味があったのは、古い建物を復元するということではなく、日本の伝統文化に根差して新しい建

築をつくるということ。その流れで、素材を学ぶ機会も多かったのです。石、木、瓦、漆喰やじゅらく壁、鉄や真鍮……時間と共に味わいを増していく素材への愛着は、早くから持っていました。

現代の建築では、例えば石にしても、薄く張り付けるだけの使い方が大半でしょう。でも僕は、長く社寺建築に携わる中、幸いにも、本物の素材を本物として扱う職人さんたちの仕事に触れる機会に恵まれてきた。石を本当に「きちんと積む」石屋さん、木の切り出しから使い方までを共に考えた宮大工さんや材木屋さん、あるいは左官屋さん。こういった職人さんたちと組むことで自ずと知識も増え、素材というものをいっそう大切に捉えるようになったのです。

お寺や神社の境内に、何か新しいものをつくるとなった時、そこに配慮なくアルミやペンキが出てくると、途端に陳腐なものになってしまう。経年によって、周辺と同じように朽ちていき、同じように味わいが出る素材をどう考え出すか。常に意識していることですけれど、それを考える最初のきっかけとなったのは、東京・港区にある「青松寺」の伽藍《がらん》再建。500年の歴史を持つ名刹であることを踏まえ、伝統技術と先端技術の調和を強く意識した仕事です。

新しい寺院のあり方として、坐禅堂と観音聖堂の妻面をガラス張りにする提案をした一方で、壁は、黒漆喰にこだわったり、あるいはレンガ組積造だったお堂の名残を生かすべく紅い塗り壁にしてみたり。そして、これらの質感を損なわない素材は何だろうと考えた時、鉄に亜鉛メッキをかけた鉄を黒くするリン酸亜鉛処理に行き当たったのです。今でこそポピュラーな手法ですが、

青松寺伽藍再建（2002）。伝統様式に則って、軒反りの屋根を持ち、コンクリート打放しの柱・貫などの軸物は木造に見立てた見付寸法で構成されている。壁面仕上げは黒漆喰や灰漆喰など。シンメトリーに対峙する坐禅堂と観音聖堂の妻面は、彫刻に彩色を施したプレキャストコンクリートとサンドブラストの筋目を入れたガラスの組み合わせとなっている。夕刻から催される参禅会などに集う人たちの気配を滲ませて周囲に発信する、都心の新しい寺院建築のあり方を追求している。

20年近く前の話ですからね、当時はまだ誰も使っていなかった。さらに、坐禅堂の床には日本古来の三和土《たたき》を使うなど、いろいろと考えさせてもらったこの仕事は、僕にとって貴重な経験となりました。

＊

伝統様式に呼応するかたち、材料やディテールをとことん追求する水野氏のスタイルは一貫している。一つ、代表的なものとして挙げられるのが「身延山久遠寺参詣者トイレ」。江戸時代より焼失していた五重塔の復元工事に向け、本堂周辺の再整備が必要となり、その一環としてつくられた参詣者のための施設だ。水野氏が表現したかったのは、伝統的な木造建築が持つ〈強さ〉。それは、瓦屋根、石や木で構成される隣接の堂宇《どうう》と、そして立地のコンテクストと見事に調和している。

＊

杉木立に包み込まれるようにして佇む堂宇の隣に建てるということで、描いたのは、杉の肌を写したコンクリート外壁の上に一枚の鉄板が浮いている……そんなイメージでした。構成としてはシンプルです。ただし、ここに中途半端な屋根を架けたり、工業生産的な材料を持ってきたりすると、途端に周囲の質感に負けてしまう。そこで、材料は杉にこだわり、外壁は杉板の肌理を写した打放しコンクリートにし、それ以外の材料としては、リン酸亜鉛処理をした鉄を周辺の〝瓦のいぶし銀〟に呼応させるように使っています。

さらに、もうひと工夫。半端な風合いにしたくなかったので、屋根はなるべくフラットに見せたかった。普通に考えれば、軒は鉄骨造の分厚いものになってしまうけれど、堂宇の軒先構成に因んで、地垂木《じだるき》、飛燕垂木《ひえんたるき》、裏甲《うらごう》という構成を水平にしてみたら、つまり現代的に変換してみたら、面白いものになった。ほかにも、境内全体の案内図や矢羽根サインなどのつくり替えもしましたが、前提としてメンテナンスがしやすいよう、どこにでもある既成部材を組み合わせているんですよ。大事なのは、そこからの工夫。だからビス一つ、取付け方一つとっても、この施設には随所にこだわりが込められています。杉木立に抱かれた山岳伽藍に何がふさわしいか。その場所に何が求められているのか。目には見えないけれど、感じ取った大切なものから素材やディテールを追求した結果です。

例えば、伝統的な日本家屋を見ると、坪庭の多くは北側にあったりします。南側にあると、花も葉もみんなそちら向きになるわけで、見えるのは裏側になる。花や葉の表情をちゃんと楽しむには、北側に庭があったほうがいいという話です。あるいは、中庭や内窓に見る光の採り入れ方、空間のつくり方。日本建築を勉強していくと、現代建築に応用できるものがたくさんあるんですよ。僕は社寺建築の仕事が多くて、それが得意だとよくいわれるんですけど、ジャンルを問わずやりたいのは、実はこういうこと。先人の知恵や技術に学び、現代建築に生かしていくことなのです。

身延山久遠寺参詣者トイレ（2006）。杉木立に包み込まれるように歴史的な堂宇が佇む山岳伽藍。立地のコンテクストに同調しながら、伝統建築と対峙できる質感と形を求めて材料とディテールの選択をした「懸けづくりのトイレ」。

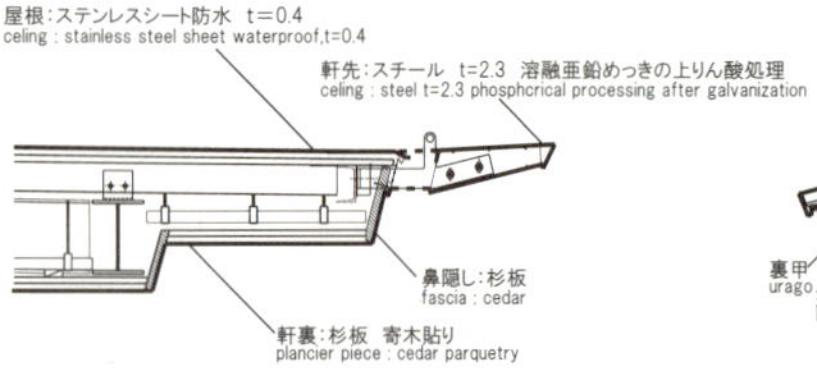

軒先ディテール S=1:50

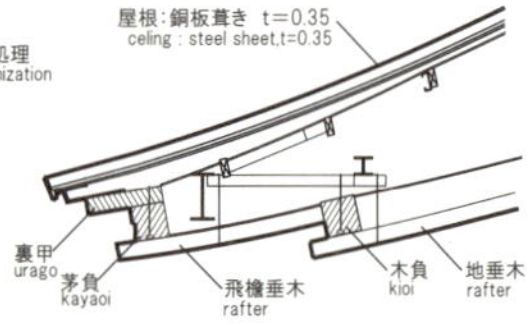

既存本堂の軒先ディテール S=1:100

既存本堂の伝統的な軒先と身延山久遠寺参拝者トイレの軒先。地垂木、飛燕垂木、木負（きおい）、茅負（かやおい）、裏甲の構成に因んで、3段に分けて薄さを削り出した水平な軒先のディテール。

天井・軒裏は無垢の杉板。床は豆砂利洗い出し。壁は杉板本実型枠のコンクリート打放し仕上げ。トイレブースにも両面に杉板の肌を写して制作したGRCを用いるなど、徹底した杉のテクスチャーへの拘りが表現されている。

北側の崖下から見上げた身延山久遠寺参詣者トイレの外観。段丘の先端に、既存の人口地盤に連続させて境内地を広げるべく、わずか2本の手堀深礎の基礎を足がかりに大胆に斜面から跳ね出す構造となっている。

境内各所に設置された矢羽根などのサインは、どこにでもある鉄板・角パイプ・アングルなどの既成部材で構成し、錺金物風にデザインした取付けビス（左下・写真）がアクセントになっている。

「うつろいゆくもの」には、革新が込められている。僕は〝平成の棟梁〟のつもりで、今の時代にできる建築に向き合いたい

水野氏が所属する竹中工務店の始祖は、神社仏閣の造営にある。いわゆる宮大工だ。中部・近畿地方を中心に今も残る遺構（1899年創立以前に、竹中が手がけた建築物）を訪ねると、「その斬新さ、発想の豊かさに驚かされる」という。大手ゼネコンという足場は、水野氏の活動の広がりを支えるだけでなく、その始祖は、建築に対する考え方にも影響を与えてきた。キーワードになるのは、やはり〈伝統と革新〉だ。

*

竹中の遺構を見に行くと、「この時代にここまでやっちゃうの？」といいたくなるような面白いデザインにたくさん出会える。建築の歴史を知っている人間からすれば、当時、さぞ斬新であったろうと。発想がものすごくユニークなのです。竹中の始祖、つまり宮大工の棟梁ってやっぱりすごいと思いますね。斬新な発想でもって企画をし、設計、デザイン、施工まで担う。彫刻の絵柄にしても、自分で起こして彫ったりもする。そしてアフターサービスまでするのだから、まるでスーパーマンですよ（笑）。竹中は、そういう棟梁がやってきたことを分業してできるよ

う組織化されてきた会社なので、始祖のＤＮＡは、確実に受け継がれていると感じています。

宮大工棟梁というのは、その時代、時代の最新技術を採り入れながらも、自分の手の跡を残すというか、プロポーション感覚でものをつくっています。その意味で、ただ先人を真似るとか、教わったとおりのことをやっているわけではない。ヨーロッパの様式建築とは違って、日本の建築には、様式ではなく形式があるだけだと思うのです。例えば木割りにしても、存在していたはずの基準をわざと少し崩してみたり……というのがほとんどですから。それが日本建築の面白いところ。僕は、その最たるものが伊勢神宮だと思っているんですよ。戦国時代を除いて20年に一度更新されていますが、今見ても実にプロポーションが美しい。個人的な見解ですけど、あれは最初からのプロポーションではないはずです。時代ごとの様々な人たちの知恵がオーバーレイされながら、あのかたちに行き着いている。一つ技術的な例を挙げれば、伊東忠太氏が直した時には、腐食を防ぐ目的で茅葺きの下に銅板が入れられたり。こういう知恵に目を向けると、現代建築に十分応用できます。

「うつろいゆくもの」には、革新が込められているということです。だから僕は、平成の棟梁のつもりで、今の時代にできる建築に向き合いたい。社寺建築でいえば、こと都内では木造で建てにくい場合が多々あるけれど、必ずしも木造の屋根が架かっていなくてもいいし、あるいは必要ならば、信仰の象徴を何か新しいかたちにしてもいい。常にそういうことを考えています。古いものを見れば見るほど、逆に革新的でなければならないと、つくづく思うのです。

＊

水野氏の作品の中には、こんな特異なものもある。「富岡八幡宮 仮設観覧所・休憩所」――〈15分のための建築〉と称されているように、わずかな時間だけそこにあればいいという儚い出自の建築。江戸三大祭りの一つ、深川八幡祭りの例大祭に向けて設えた天皇皇后両陛下のための観覧席である。例大祭が行われたのは2012年夏。そこには、前年に起きた東日本大震災の早期復興を祈願する人々の想いが込められており、まさに「想いをかたちにした」建築でもあった。

＊

まず観覧席をつくるにあたっては、極力、東北の材料を生かしたいと考えました。柱には福島県白河産の杉の木を使い、構造用合板は宮城県石巻産のものを使っています。こだわったのは、この二つを中心につくるということ。そしてプランは、最小限の壁と柱で構成する極めて合理的なものにしました。仮設ですし、なるべく短い工期でつくる必要があったので、大工さんが複雑な加工をしなくても済むように、梁は柱を挟み込む挟梁とし、それを重ねていって母屋を架けるという単純な工法を採っています。解体のしやすさも考えてのことです。もちろん、シンプルなプランであっても、江戸深川の小粋な文化も採り入れようと意識はしていますけどね。

お祭りは五日間あって、この期間中は設置されていましたが、使われたのは、天皇皇后両陛下がご観覧された15分間だけ。とても貴重な機会となった仕事でしたけど、儚いといえば儚い。で

15分のための建築—富岡八幡宮仮設観覧所・休憩所（2012）。平成24年8月12日　富岡八幡宮例大祭「深川八幡祭り」の神輿連合渡御。

上・目前に高く差し上げられる神輿をご覧になりながら、何度も拍手をされる両陛下。この年特別に岩手県平泉町からも神輿が参加した。**下**・この日のために用意した玉座。耕木社の阿保昭則さんの作品。

上・富岡八幡宮仮設観覧所・休憩所の全景。**下**・例大祭時の観覧所の2階部分を切り取って、本殿前の境内地に移築し「休憩所」として甦ったその後の姿。余った部材はベンチや壁の仕上材などにすべてリユースされている。

も解体後、両陛下の行幸啓《ぎょうこうけい》や東日本大震災の復興祈願という「特別なお祭りの記憶」を残したいという関係者の想いから、この観覧席は今、境内の休憩所として命永らえています。人々の願い、想いが、一つのかたちとしてこの場所に残っているのです。

このとき使った材料はすべてリユースしたんですよ。手すりや床の根太に使った部材は壁の仕上げ材に転用したり、梁材はベンチに加工して甦らせたり。それ以外に余った材料は、記念品として製作したペントレーに生きています。解体した材料は、余すところなくすべて再利用したわけです。

昨今では、サステナブルという言葉が一般化してきましたが、持続可能性があるもの、循環していけるもの、再利用できるもの、ここへの視点は建築においても非常に大切です。もとより3R（リデュース・リユース・リサイクル）の概念はあるけれど、僕らチソカツがやろうとしていることに通じています。ただ少し視点が違うのは「環境のためだけに」ではなく、プラスして「地域の産業にも貢献しよう」ということ。そのあたりを膨らませていくのが、チソカツの活動の肝だろうと考えています。

プロトタイプを生み出す意義は大きい。だからこそ、材料や構法などの生産情報にかかわることは重要だし、何より面白い

サステナブルに視点を移せば、まず挙げるべきは2004年に竣工した「竹中工務店東京本店社屋」である。計画に際して柱に据えられたのは「高効率・高品質なワークプレイスの構築」「環境負荷の低減」「コストパフォーマンスの追求」、この三つ。水野氏を中軸とする設計、構造、設備、技術などのメンバーによる総合力で生まれた新社屋は、CASBEE（建築環境総合性能評価システム）において、最高ランクの評価を取得している。未来に手渡せる新しいプロトタイプをオフィスビルでつくれないか――この建築は、その模索の末に出された一つの解である。

＊

都会の限られた自然と融和しながら、快適な室内環境を得る工夫は随所にしてあって、話せばキリがないのですが（笑）、素材絡みでいうと、ローコストを実現したいくつかの新しい試みがあります。実際に目に見えてわかりやすいのは、光ファイバーに使われている石英ガラスを砕いて打ち込んだ外壁。これ、石英ガラスの端材で、いずれ捨てられてしまうものを利用しているん

竹中工務店東京本店社屋（2004）

です。もともと、環境配慮技術として、何か捨てられているものを有効利用できたらいいね、という考えはあったので。それこそ牛乳瓶とか、いろんなガラスを試してみたら、多くがコンクリートの耐久性にいたずらをするなか、石英ガラスは非常に純度が高く、問題ないことがわかった。しかも、陽に当たっても雨に濡れても、それぞれいい表情が出てくる。予算がただペンキを塗るしかない枠だったので、「お金がないから知恵を絞った」結果。現在、竹中の社内ではこれが展開されていて、フランス大使館の外壁や、ほかのプロジェクトにも発展、利用されているんですよ。

また、空調ダクトにはダンボールダクトを開発し、全ダクトの約60％に採用しています。古紙を利用したもので、従来の金属ダクトの6、7割程度のコストで設置できるし、しかもその設置が簡単。折り目をつけたダンボールを運んできて、あとは現場でパタパタっと組んでアルミのテープで貼るだけ。ダクトって、その周辺の保温工事が必要になるから、スペースは取られるし、設置もけっこう難しいわけですが、これは10㎜の厚みで断熱性能が得られる。そして使用後は、固形燃料などとして再利用できるという、とてもエコなマテリアルです。

日本の伝統技術の話も面白いけれど、僕は、こういう材料や構法などの生産情報にかかわることが好きだし、やっぱり面白い。先般、海外に出張した際、コンクリート壁の表面についた何やら花びらのような模様を目にしたんですね。よく見ると、それはなんとペットボトルの底の部分から型を取った模様だった。コンクリートの型枠を工夫することで、タイル貼りに代わるテクスチャを表現できる例として、とても興味深いものでした。特に、捨てられてしまうものを活用しているところは、まさにチソカツでやっているようなことに通じていて、こういうネタと出会うと嬉しくなっちゃうんですよ（笑）。

＊

もう一つ、サステナブルを追求した水野氏の代表的作品、「FLATS東陽」を取り上げる。企業に勤める単身赴任者のために建てられたサービスアパートメントで、竹中工務店のほか外部企業の社員も利用している。これもまた、タワー型マンションの新しいプロトタイプとなった。そこの場所に合ったものは何か、何が求められているのか。この作品にも、水野氏の建築スタイルが十分に映し出されている。

＊

集合住宅やタワーマンションで、構造をラーメンのアウトフレームにした場合、柱がとても邪魔になって、部屋の間仕切りを制約したり、眺望を阻害したりしますよね。ＦＬＡＴＳ東陽は、その逆をいって、その柱を「気にならない存在にしてしまえ」という発想から入ったものです。井桁に組んだ耐震壁の上にフラットスラブを乗せて、外周部は軸力だけを支える細い柱で構成したのですが、これによって、制約や阻害はかなり排除できたと思います。

そして、もう一つやりたかったこと。プランの真ん中に、大きな吹抜けになった外部の光庭をつくりました。というのも、東京湾が近いこの地域には、常に南から北へ卓越風が吹いていると

左頁・FLATS 東陽（2008）。柱の存在から解放され、自由度の高い外装デザインや住戸プランニングを可能にする、タワー型集合住宅のプロトタイプを目指した「サステナブル・アパートメント」。

FLATS 東陽。建物中央の光庭。この上空を常時南から北へと吹く卓越風が、各住戸の玄関に設けられたガラリから、室内の空気を誘引し自然換気を促している。

上・水平力を担う耐力壁、軸力を負担する鉄骨柱、その上に乗るフラットスラブの躯体のシンプルな構成。**下**・216φの細い外周柱が、窓の正面にあってもその存在を感じさせない住戸インテリアからの眺望。

いう特性があるんですね。そこで、その風を様々な角度からシミュレーションし、光庭の空気を吸い出す力を助長するエアフローフィンを付けたのです。そうすれば、各住戸の玄関が閉まっていても、建物の上部にあるガラリを開けておけば自然換気ができる。いわば、見えない風をデザインしたわけです。

このプロジェクトでやりたかったのは、サステナブルなタワー型集合住宅の、一つのプロトタイプを示すこと。シンプルで明快な構造システムだけをつくっておけば、外装なりエレベーションなり、いくらでも融通がきく。そこに求められているものは地域や立地条件によって違うし、材料にしても地域固有のものがあるわけで、「あとは自由に生かしてください」という気持ちで設計に臨みました。これをプロトタイプにした完全な水平展開はまだありませんが、前述の東京本店新社屋については、あちこちでコピーされています。真似をしてもらえるというのは嬉しいもので、もっと広がっていくことを願っているんですよ。

仕事の創出は、まさにチソカツの本領。
伝統・文化継承においても、地方活性においても、
その活動を増やしていくことが大切である

プロトタイプをつくり出し、地域固有の環境や材料などを「自由に生かしてくださ い」という提案は、ひいては、その地域に活力を与える契機にもなる。水野氏は、東北復興住宅にも尽力しており、早くから恒久的な住まいの再建に取り組んできた。2014年に竣工した「女川町営運動公園住宅」においても、結果的には他社が基本設計をまとめることになったが、自主的に独自の基本計画提案も行っていた。そこに込めたのは、地域に活力や産業を興すという、本質的な復興への願いである。

＊

女川町のいわゆる災害公営住宅で、竹中は実施設計と施工を担当しました。東北の復興事業の多くはＵＲさんが担われることになったので、基本設計には携われることができなかったのですが、我々も独自のプランを提案したんですよ。考え方としては、ＦＬＡＴＳ東陽と同様、構造的に必要な最低限の架構フレームをＰＣでつくるという「システム」提案です。それ以外のところは、自由にしてもらえればいい。その地域にある材料、生産される製品を使って、あとは〝肉付け〟してくださいと。そうすれば、事業や産業を興すことにもつながるでしょう。加えて、システムさえあれば、住む人たちのライフスタイルに合わせてセルフビルドができる。ワンルームで使ってもいいし、ファミリーで使ってもいいし、将来的にはグループホームにも転用していける、そんな提案をしたわけです。

竹中には土木がないので、「何か建築で貢献しようよ」と社内に呼びかけたら、たくさんの人

女川町営運動公園住宅（2014）。東日本大震災後の災害復興公営住宅としていちはやく、200戸の集合住宅が2014年の春に完成した。宮城県女川町の高台の陸上競技場を宅地化することで敷地を確保している。

が賛同してくれて取り組むことができたものです。何が求められているのかを見つけだし、ローコスト、短工期を実現させるために知恵を絞ることは、翻って自分たちの学びにもなるし、いい機会になったと思っています。この経験を生かし、今は別のアプローチで、竹中の東北支店が釜石や石巻で積極的に取り組んでいます。

住宅は、建築の中でとても重要なジャンルだと考えています。これも竹中のDNAで、創業時から「少しでも安くて良質な住宅をつくること」が使命の一つだとされてきました。事実、70年代、80年代と、日本の集合住宅を牽引してきたわけで、建物が古くなっていても、今なおそこに誇りを持って住んでくださっている人たちがたくさんいる。ゼネコンや組織事務所には、往々にして「どうせ、マンションでしょ」と軽く見ている人が多いけれど、僕は、やっぱり日本の住宅を引っ張っていくぐらいの気持ちで仕事がしたい。それこそ、住宅には人の想いが詰まっているのだから。

＊

過去があって現在があり、そして未来がある——水野氏の思考は、常に長い時間軸に立っている。携わる仕事のジャンルは様々でも、核をなすテーマは「古いものの良さを、どう現代的かつ革新的に扱うか」だ。それは前述してきたように、材料の扱い方、構法や構造開発など、広範に向けられた視点であり、水野氏は今日もアンテナを張り巡らせている。

歴史そのままではなく、古い文化や伝統が持っている〝良さ〟を継承し、現代に編集していく。そして、未来に手渡す。僕はたまたま社寺建築にかかわることが多かったけれど、仮にそうじゃなかったとしても、同じことを考えていたでしょうね。つまりは「見えないもの」「うつろいゆくもの」を素材として捉え、向き合いたいということです。

＊

伝統技術の世界は、戦後わずか30年ぐらいでかなり衰退したといわれています。その事態は今も変わらないだろうと思いますが、でも、宮大工さんとか、淘汰のうえに今残っている人たちは、一流の職人ばかりですよ。宮大工というと〝頑固なおじいちゃん〟みたいなイメージを持たれがちですが、実のところ、若い世代に多い。彼らは早くから修業して仕事を始めるから、40代ともなればベテラン。一緒に仕事をしていても、僕より若い人たちがけっこういますし、そういう意味で未来はけっして暗くないと思うんですよ。

ただ、未来への継承に大切なのは、仕事をするチャンスを絶やしてはならないということ。東京はこれから先も大きな仕事が出てくるでしょうが、そうなると伝統建築はますます置いてけぼりになる。手間ばかりかかって時間はかかるし、利益率も傍目《はため》ほどいいわけじゃないですから。この置いてけぼりが衰退の一因であり、それはある意味、地方にも通じる話だと思うのです。仕事を創出するというのは、まさにチソカツの一つのキーワードでもありますが、活動できるチャンスを互いに増やしていくことは、とても大切なんですよ。

だから、チソカツの活動に共鳴して参加したのです。シラスコンクリートしかり、瀬戸のキラしかり、そして僕がやったような廃材ガラス利用などは、日本全国どこでも展開できる。僕は、そういうプロトタイプを開発し、需要と供給をうまくコントロールしていく側として、さらに使う側としても活動に貢献していきたいと思っています。ゼネコンって足場が広いでしょう。うちの技術研究所には様々なジャンルの専門家がいるわけで、そういった研究者や技術者、実際に施工する人たちをもうまく巻き込みながら、活動の輪を広げていく。それも僕の大事な役割だろうと、心得ているつもりです。

地域素材と伝統技術を活かす

松井郁夫

歴史・伝統・風土

ものづくりにかかわる者にとって、素材は極めて大切な要素であることはいうまでもない。人は身近にあるモノで有用な素材を見つけ加工することで、衣食住を満たし、生活を営んできた。とりわけ素材の持つ特性が、その場所での社会生活を決定づけてきた。

歴史は、その地域での人の営みが長い時間をかけて、それぞれの場所で独自の文化を醸し出してきた時間的な経緯と考えられる。

伝統は、人々にとって大切なものを次の世代に伝えるために、常に変化する価値観をまとめながら前に進むことにある。

風土は、気候による地域性と人の営みとの関係を場所的な特徴として表している。そこで、建築にかかわる者として、歴史、伝統、風土という見えないものから、今、何をどうつくればいいのだろうと考える。

水野氏の場合は、歴史に興味を持ち続け伝統的な素材を駆使し、現代建築を創りながら竹中工務店の伝統を受け継ぐという生き方を選択している。そのために水野氏は「うつろいゆくもの」を強く意識している。ここで、伝統はうつろうものかという議論があるが、伝統は同じところに留まってしまえば、慣習化してしまう。本来、伝統とは時代との融合を図ることで、新たな伝統となり時代を超えてゆくと考えると、変化と革新をともなう必然があるのが伝統といえる。いつの時代も未来を見据えたものづくりは、伝統に学ぶことから始まるといっても過言ではない。水野氏の作品群は、まさにその実践の表れといえる。

さらに風土性もまた、ものづくりの大切なファクターといえる。つくり手の原体験は重要である。人にはそれぞれ、生まれてから現在まで生活してきた原風景がある。つくり手にとって育ってきた場所は、つくるものの性格を大きく左右する。

私の場合、つくる建物は生立ちと色濃く関係していて、どうしても、故郷の歴史や風土が大きく影響しているといわざるをえない。

18歳まで暮らした故郷、福井県大野市は雪深い城下町であり、明治期に建てられた重厚な町家は、京町家にも劣らない古民家群であった。豊かな水と緑に囲まれた山間の城下町が、高度成長期に壊されてゆく最中に少年時代を送ったため、美術大学のデザイン科を修了したにもかかわらず、町並み保存に興味を持った。

当時は、歴史ある故郷の町を生かすことが使命であった。大学院修了後は、藤本昌也先生の現代計画研究所で、都市計画室に入り多くのま

大野古民家再生「やなぎや薬局」

ちづくりにかかわらせていただいたが、まちづくりは「百年の計」であり、報告書を書いても書いても、モノはできてこない。報告書よりも1軒でも建物をつくりたいと考え、元大工棟梁に弟子入りした。そこで学んだ大工の技が、故郷の町家に通じる伝統の技術であった。

ここで木組を知る。古民家の100年を生きる黒々とした梁や柱に魅力を感じ、伝統技術に帰着することに大きな抵抗はなかった。むしろ、失われた日本の伝統技術をもう一度見直し、現代に活かすことが大切だという思いが強い。

古民家に学ぶ、用と美

全国に残る古民家を見ると、古来より先人たちが使った素材やつくる技術の特徴がわかる。東西南北に細く長い日本列島の気候風土の違いは、古民家の屋根の形態に表れているが、よく見ると使われている素材や架構技術の共通点は多い。

　南は沖縄から北は北海道まで、様々な特徴を持った古民家が建てられたが、素材はすべて地元で採れるものばかりであった。極端にいえば、その場所から見えている山の木や草や土を使ってつくっていたのである。交通手段や流通の未発達な頃は、当然、地場のものしか使えなかったために、つくられた建物と周辺の素材との関係は深かった。

　構法もまた、地域の気候風土や素材に沿って工夫されたと考えられる。山下氏の故郷である奄美大島のような台風常襲地帯には、石の上に置いた分棟型の3間四方の建物が、風に逆らわずに飛ばされても壊れないような、木と木を編むように組む「ヒキモンづくり」で建てられている。木は、雨に強い地元の広葉樹である。

　古民家はまさに、素材と構法が合致していた

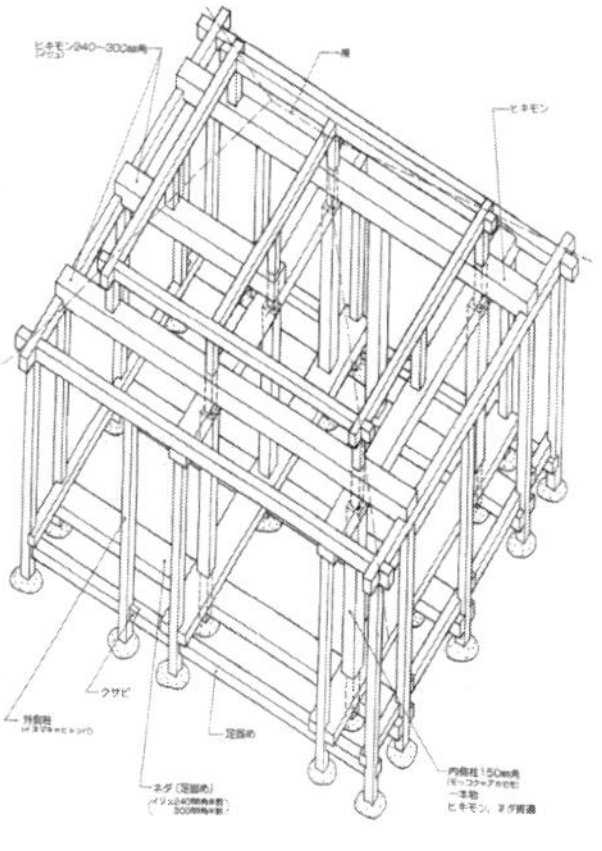

奄美大島の「ヒキモンづくり」

古民家再生・宇都宮の家

のである。地元の素材を使えば、その場の風景に馴染むのも当然であるし、景観に溶け込み、体になじむ天然素材の建物は、生活に豊かさを与えてくれる。

古民家のプロポーションの美しさも、忘れてはならない豊かさの指標であろう。昔の大工には、口伝による美しさの規準があったという。口伝は、大工雛形や木割書も残っているが、暗黙の了解でつくることも多く、まさに「見えないもの」でつくられていた。現代の日本の町並みを見ると、どう贔屓目に見ても美しいとはいえないが、各地に残る歴史的な古民家や町並み群は美しい。広い意味では古民家もまた貴重な地域素材といえる。

山を活かす、仕組みづくり

国産材の木を使うことが提唱されて久しい。林野庁は木材ポイント制度を使って利用を促している。国産材は利用されることによって、植林費用を山に還す仕組みをつくることが大切である。林業家に直に費用が戻る産直の仕組みは、ワークショップ「き」組ではすでに15年前から取り組んでいる。まずは、植林ツアーなどのイベントを通じて一般の人が山を知るところから始めている。さらに、建物に必要な木を拾って、直接発注することで山主に現金が入る仕組みである。

木の家をつくることは、大工職人の技術を伝えることにつながり、山の木を保全することにつながる。山と職人と建て主をつなぐ、共存共栄の仕組みである。そこには設計者の介在が必要であり、三者協働の実践が原則である。

しかしながら、山は丸太が市場でセリにかけられることで、植林費用が出ないほどに価格が崩壊しており、国土を保全する意味でも、地域産材の利用は急務といえる。最近では、林野庁の制度も後押しして需要が増えている。

むしろ職人技術のほうが、現代において最重要の課題である。優れた古民家は、優れた職人技術なしでは成立しなかったが、かつての職人は口伝の世界に生きていたがために、徒弟制度が崩壊した現在口伝は途絶え、手仕事は機械にとって代わられようとしている。

今や一般的な木造住宅は、プレカットが主流であり、山の木を直接発注することも、職人技術を継承することも難しいのが現状である。かつてのように、1軒の家づくりが28職の職人による手仕事で、各種の道具を使い、木を伐り製材する職人も含めた社会構成が崩れつつある。このままでは日本が世界に誇る伝統技術が消えてしまう。

そこで、ワークショップ「き」組では、手仕事に従事する大工職人と、設計者の養成が必要と考え、「木組のデザインゼミナール」を毎年開催している。今年で13期を迎え、延べ150人の修了生を輩出している。毎年、木組の実践者が増えることを期待している。

さらに、一昨年より木組のルーツを探るべく、古民家に学ぶ「古民家再生ゼミ」を開催している。目的は、本来の家づくりを根本から学び直すことと、未来の家づくりの新たな革新を目指し、日本の伝統技術を伝えたい思いがある。そのためには、伝統技術をより客観的に捉えたいと考えている。

伝統を科学する

伝統は伝えるばかりでなく、常に革新を伴うことで時代を乗り越えてきたのではないかということはすでに述べた。そこで伝統こそ新しい技術との融合が大切であり、科学的解析が必要だと考える。以下は、伝統木造を実大実験により科学的な解析を行った事例である。

1995年に起こった阪神淡路大震災以来、伝統木造の耐震性に対する検証に議論が集まり、国土交通省では、2008年から5年間、伝統木造の実大実験を行った。

実験に使われた住宅は、伝統木造ではあるが、純粋な石場建てではなかった。そこで、3年後に足元フリーの建物を実験した。足元を固定した場合と足元フリーの場合の2種類を振動台に乗せたことになる。その結果、柱脚部が固定された建物よりも、足元フリーの建物のほうが免震的であった。2016年の建築基準法改正により、これまでのアンカーボルト固定に加えて、ダボによる柱脚仕様も認められるようになり、4月からは告示が変わることとなっている。筆者は、実務者としてこの実験に参加させていただいたが、伝統構法は、無垢の木を使い、継手・仕口や貫など、木のめり込みと摩擦力を生かした粘り強い構造が特徴といえる。伝統構法にとって建築基準法もまた越えなければならない壁であり、革新が求められている。伝統構法の解析はこれからも引き続き実験による検証が必要だと考える。

さらに、伝統木造の省エネルギーに対する議論もある。ご存知の方も多いと思うが、2020年には、300㎡以下の住宅を含めた小規模な建物のすべてに、省エネルギー計算が義務付けされることになっている。ところが、伝統的な土壁は熱伝導率の面において不利になることがわかっている。そこで、今後は伝統木造といえども断熱材の使用が必要となってくるのだが、そのことに抵抗のある多くの大工職人や伝統派を自認する設計者は、その対応に苦慮している。

しかしながら、伝統構法とはいえ地球温暖化の抑制のための省エネルギーの流れから免れることはできない。むしろ積極的に省エネルギーの努力をするべきだ。古民家も、耐震エコ改修によって伝統の木組を生かしながら、温熱環境を向上させることで、さらに新たな需要を生む時代がきている。

伝統木造は、日本の気候風土に沿って生きてきた本来的なパッシブの工夫を活かし、科学することで、これまで見えていなかった伝統の知恵や工夫も見えるものになってゆくだろう。そのことによって、新しいパラダイムを築き、さらに次の世代に引き継いでいける伝統となると考えている。

［解説］
地球環境時代のデザイン運動を

三宅理一

環境の危機

世界で1年間に建設される人工構築物、つまり建築や土木建造物の総量がどのくらいになっているのか、まったく想像がつかない。ただ、日本では住宅やビルの着工数が統計的に整理されているので、それをもとにして試算をしてみると、この20年間は人口一人あたり1年間に1㎡から2㎡程度の建築床面積をつくりだしていることになる。21世紀の最初の15年の間に東京都をすっぽり覆う大構造物を建設したと考えてもよい。土木構造物を含めればはるかに大きな面積となるわけで、それだけの人工物が間断なくつくり続けられていると考えれば、人と自然のエコバランスに大変な脅威になっていることが直感的にも理解できるだろう。地球環境はそれだけ有限なのである。

我が国の場合はヨーロッパなどに較べて都市の圧迫感が強い。国土の3分の2を占める山野部が都市化を阻むため、平野部に人とモノが集まって密度が高くなるためである。しかも災害が多いのでスペックが高くなり、いきおい人工物の度合いが高くなる。むろん、それなりの必要性と理屈があって住宅や施設の数々がつくられているのであるから、無下に否定はできない。実際、エンジニアリング・サイドからいえば、我が国の建築技術に対するこだわりは他国に比べて極めて高く、超高層も複合施設も高い水準の性能を担保しているのは間違いない。ただ、そこには驕りもあって、3・11を引くまでもなく、急造成した住宅地で頻繁に起きる災害を見るだけでも、その点が頷けよう。

やや大袈裟な表現にはなるが、20世紀の間に人類は建築をつくりすぎてしまったのではないだろうか。建築の世界にどっぷりつかっていると、そのあたりがあまり見えず、つくることが善であるとの業界的な基本テーゼを覆すことがどうも難しくなる。だからといって、ジャーナリズムが流すようなキャッチーな箱物否定論、エンジニアリングの世界では避けるべきで、様々なファクターを洗いざらい見直し、発想を変えて、21世紀にふさわしい目標値を定めてその解を目指すことが基本であろう。それがプロフェッショナルの宿命でもある。反省は重要であるが、その次のステップを構築しなければならない。

昨今議論されている地球環境問題は、激甚災害の発生を別にすれば、日常生活のうえでの実感は意外と小さい。しかし、様々な数値を見る限り、今後の10年、20年の間でこの問題が良い方向に動かなければ、もたらされる結果がはるかに深刻となるのは否定できない。この問題に関しては、京都議定書に代わる２０１５年のパリ協定の取決めを見るまでもなく、大所局所からの判断が必要で、かなり前から国や公共団体、企業が率先して、温室効果ガスの削減、省エネ基準の策定に取り組み、プロダクトや建築物へのフィードバックなどの施策が一定のレベルに達しているのは、たとえそれが不十分であるにしても、前向きの部分を評価したい。

素材と構法

振り返ってみると、建築という行為は、産業革命以後に登場した他のエンジニアリングとは大きく異なり、古代から連綿として持続してきている。12世紀のゴシックとか19世紀の鉄とガラスといった新しい技術とデザインが時代の変り目に登場し、それが一気に主流となって世界をリードしてきた。20世紀でいえば、鉄筋コンクリートの登場、プレファブリケーションの導入などがそれにあたり、画期的な技術革新を経て、今日の基礎をつくりあげた。ただ、それが両刃の剣であることは確かで、ネガティブな件も見逃せない。先に述べた過剰な建設行為もそのようなものだ。クリティカルな意識は20世紀の後半になってようやく登場し、歴史的建築の保存活用や素材のリサイクルなど、歴史性や環境論を重んじる立場からの問題提起が徐々に世間の支持を受け、現在では当たり前の方法論となっている。

当然ながら、建設行為は流通と生産の仕組みがベースとなっている。工業化を推進する立場からは、標準化、工場生産、軽便な輸送システムなどが重要課題となり、日本はその面で世界の先進モデルをつくり上げている。逆に効率の悪い木造建築などは、そこからこぼれ落ち、お荷物扱いとされてしまってきた。デザイン面では「ヴァナキュラー」や風土性なる指標が掲げられ、1970年代以降、象設計集団などそれをモットーとする設計集団が登場しているが、鬼子扱いでなかなか本流にはなりきれなかった。しかし、2000年代を迎え、地球環境問題が深刻化するに及んで政策担当者の意識も根本的に変わり、デザイン志向の強い設計者よりも現場サイドのハウスメーカーや建材メーカーのほうがその問題を究めるようになる。

そんな時に地域素材に着目した設計者のグループ「地域素材利活用協会」（通称チソカツ）が活躍を始めたのは大変喜ばしい。これまでにも地域の産業育成を目的として設計者が地場の林業や製造業と組んだ事例はそれこそ山とあるが、日本の場合はその原型が1970年代末に始まった大分県の一村一品運動に遡るという見方が関係者の間ではほぼ共有されている。ヨーロッパではイタリアがその先進事例とされ、先見の明を持つ企業家、優れたデザイナー、熟練した職人の三者がそろった「デザインの三角形」（アンドレア・ブランツィ）を基盤とするミラノ一円がしばしば引き合いに出されている。その後、創造都市的な基盤整備をともなってポルト（ポルトガル）やルガーノ（スイス）など小さいながらも高い創造性をともなった地域デザインの拠点が形成されてきた。我が国の場合も地方都市にそのような萌芽が生まれ、昨今の成功例を引いてみると、漆芸と新素材とを掛け合わす会津モデル（福島県会津若松市）、林業とCLTを組み合わせた真庭モデル（岡山県真庭市）など、枚挙にいとまがない。その下敷きとなっているのは、リスクをいとわない地元企業、見識ある首長と自治体組織、長期的な研究投資が可能な環境、マーケットを見越した立地条件などで、地方の過疎化に抗う動きとしても評価されている。
「地域素材利活用協会」の立ち位置もそのようなところにあるが、デザイン側からのアプローチで、設計者の顔がはっきり見えている。彼らがキーパーソンとなってマニファクチャー（生産）を動かし、面倒なR＆D（研究開発）のプロセスを重ねようとするところに特徴がある。たまたま1960年生まれの3人の建築家が集まったということは別にしても、世代的には時代の変わり目を意識し、それを方法論に転化できる立場にあることが大きな意味を持つ。加えて、年齢的にも影響力を最も行使できる時期に達しているのが、頼もしい。組織力、コーディネーション力のある設計者がお互いの経験を持ち寄りながらコラボレーションを始めたのである。

手持ちの資源

地域素材をごく素直に解釈すれば、自分たちの住み生活する地域で簡単に入手できる素材ということになるだろうか。コスト・パーフォーマンスが良く、身の回りにある手持ちの資源を活用する、と読み替えても良い。その点を明言するのが山梨知彦である。日建設計を代表する建築家でもある山梨の手がけた大型施設にその論理を読み取れといわれても、人によってはけっこう抵抗を覚えるのではないだろうか。しかし、彼の言説をよく読み、設計図を詳細に眺めてみると、そのことがわかってくる。日建設計＝高品位・高価格の建築という既成観念を崩し、デザインの原点に立ち戻ってゴールを設定することから始まっている。入手のしやすさやコストを加味して規格品の木材を用い、エコ・フレンドリーな環境装置をつくったのもそのアプローチからである。近年のプロポーザルでは必ず求められる環境基準の達成を、アクティブではなくパッシブに果たしていくと、おのずから手持ちの資源の重要性が見えてくるのである。

山梨の発想が柔軟なのは、食糧品の分野で用いられるフード・マイレージの概念を建設行為に敷衍《ふえん》している点にある。生産地から消費地（建設地）への輸送にともなうエネルギー消費や環境負荷等を加味して最適値を求めるというフード・マイレージの手法を建築分野にあてはめると、それぞれの部位や部材をどこで製造し輸送するかということになり、サブコンとの関係が大きく変わってくる。建築の資材調達は、むろん食糧品ほどにはグローバル化しておらず、関西空港ターミナルビルや東京フォーラムといった超大型施設を別にすれば、せいぜい国内の移動をどう制御するかという話に落ち着く。それでも建築物のボリュームを考えると、マイレージの思考は重要であり、近場であれば地域素材が生きるというのは至極当然な議論であろう。

全国で空き家化が目立つ古民家も今日では地域素材のために潜在資源である。研究会のメンバーが目指すのは、今日まで一般的に見られる、古民家を解体してその部位をバラバラにして内装部材に転用するという手法ではない。アトリエ・天工人（山下保博）が実践してきたように、古民家自体を文化資源として別の土地に移動させ、異なったコンテクストのうえで別の意味と価値を与えるという大胆な活用スキームを採用する。人口縮小による地方都市の脆弱《ぜいじゃく》化、少子高齢化にともなう空き家の増加を逆転させ、資源の充実化とみなしてその活用を目指す動きは単なる素材論やデザイン論の範疇ではなく、今日の社会モデルの形成に大きなインパクトを与えている。

未利用素材

エネルギー分野では「未利用エネルギー」というカテゴリーがあって、風力、潮力、地中熱など潜在的なエネルギーを電力に変換することに意欲的であり、特に原発事故以降はその取組みが大々的な規模に及んでいる。ところが、建築分野の場合、未開拓のものに手を出すことはそのままリスクとして捉えられ、「未利用素材」という考え方が極めて少ない。持続的開発がこれほどまでに叫ばれる現代において、建築業界は極めて保守的である。「地域素材利活用協会」の狙いはそこに風穴をあけようということだ。何が未利用素材か。例えば、土がそうである。本来、レンガは地場の未利用素材の先駆けともいえるもので、石材が切り出せない地域では良質の土を選び、成形した後、レンガ窯で数日間にわたって焼成するものであった。日本の伝統家屋でも壁に土を塗っていた。陶器や磁器も土からつくる。こうした伝統的なプロセスを現代風に解釈し「アース・ブリック」（アトリエ・天工人）なる土のブロックを製品化する。この製品は乾燥地域における日干レンガに対応するもので、雨水に対する表面処理を施して日本向けの製品となった。

アトリエ・天工人（山下保博）では、アース・ブロックの発想を延長し、さらに特異な土に着目した。試しが鹿児島一円の地層を形成する火山灰が堆積した地質、いわゆるシラスである。火山地帯ならどこでもある火山灰の堆積物を未利用素材とみなし、それを骨材として新たに独自のコンクリートを新たに開発した。「シラス・コンクリート」と名付けられたこの製品を自身の建築物にて活用することができるのがメリットでもある。

こうした新機軸を実現するには相当の仕込み期間が必要である。つまりは相当額の初期投資を行い、素材技術の研究開発を行った後に実用化するというR＆Dの基本プロセスを経なければならない。チームワークを崩さず、試行錯誤を繰り返しながら一つのゴールを目指す忍耐力と、いわゆる「デス・バレー（死の谷）」や「ダーウィンの海」を乗り切るタフさが要求される。失敗を恐れずに突き進む技量が求められるという点で、通常の設計事務所の仕事の枠を大きく越えている。ヨーロッパではジャン・プルーヴェ、最近ではレンゾ・ピアノなどがその種の代表格に挙げられるが、我が国ではゼネコンに守られた建築家という枠組みが邪魔をするのか、その数は意外と少ない。研究会の今後の展開が大いに期待される所以である。

リユース

建設廃棄物の問題は最近になってクローズアップされるようになってきたが、数十年前であれば、この種の廃棄物は埋立てに用いられるか、ゴミ焼却場で焼却処分とされていた。現在、冒頭にも述べた地球環境問題の深刻化を受け、極力３Ｒ化（リデュース、リユース、リサイクル）が求められるようになっている。地域素材利活用協会の取組みも当然その方向を目指し、建築の方法論として大胆な提案を行っている。建造物の長寿命化は当然として、建築物の解体後ももとの素材を再利用するか、リサイクルさせて、環境負荷を減らすことに主眼を注ぐのである。

水野吉樹の場合は、竹中工務店というゼネコン組織に身を置きながらも、同社に伝わる宮大工的な遺伝子を最大限発揮させるような動きを取る。さながらかつての棟梁になりきったかのように、一つひとつの部位を形成する素材を懇切丁寧に使い回すことを訴える。特に天皇皇后両陛下の行幸啓に際して用いられる観覧席の設計を任せられたことが大きい。この記念すべき天覧席が当初からリユースを組み込んだ設計となっている点は興味深い。伊勢神宮の式年遷宮に際して解体された社殿のヒノキ材が全国の末社に送られ、新たな建築素材として活用されるように、この天覧席も同様のプロセスを辿ることになった。特殊な事例ではあるが、「畏れ多くも」と「もったいない」の双方が入った日本的なソリューションということができるだろう。

同様に水野は竹中のいくつかのビルで、端材や廃棄物を再利用して外装やダクトの材料に転用している。小さなスケールではあるが、「神は詳細に宿る」の箴言《しんげん》を徹底化して、そこのリサイクルの概念を持ち込むのである。思わぬところから石英ガラスや段ボールの転用を発想し、実験した結果が予想すらしなかった効果を生み出したという意味で、まさに「コロンブスの卵」であった。

イノベーション

「地域素材利活用協会」の活動は、以上見てきたように幅が広い。アトリエ事務所、組織設計事務所、ゼネコン設計部と異なった背景を持つ3人の建築家の個性から始まった動きが、個別の背景を乗り越えて共通の基盤をかたちづくるようになり、現在、社会的影響力を倍加させつつある。設計者として、オーガナイザーとしてのこれまでの蓄積が大きく作用しているようでもあり、従来そのような動きが極めて少なかったぶん、周囲の期待も大変大きい。

先にも指摘したように、こうした地域での活動を成功させるためには、地場の企業、行政に加え、職人力をコーディネーションしなければならない。しかもR＆Dの面倒なプロセスも自ら引き受けるということで、未来に広がる茫洋たる可能性に辿り着く前の長く苦しい山と谷を越えなければならない。個々の建築を設計し、施工監理していく際の苦労話は多々聞いてはいるが、この協会においてはまさに地域を組織し、住民や行政、企業と一緒に汗を流しながら共にゴールを闘い取らなければならない。現在の研究開発を進めることは、これまでサブコンが担ってきた個々の製品（素材）について深く踏み込むことになり、自ずからから従来の流れとは異なるシステムを構築することになるのであろう。その普及や流通をどう果たすのか、コスト・コントロールはどうするのか、さらには一品生産なのか、あるいはライセンス化なのか、クリアすべき課題は多々あるが、その先に登場する建築は従来のイメージを大きく覆すに違いない。かつて時代を画したイギリスのアーツ・アンド・クラフツ、ドイツのバウハウス、カリフォルニアのケーススタディ・ハウスなど生産・流通システムを変える大きな運動に匹敵する、地球環境時代のデザイン運動を期待したい。

執筆者・略歴

山下保博　やました・やすひろ

1960年鹿児島県奄美大島生まれ。芝浦工業大学大学院修了後、1991年独立。釜石市災害復興公営住宅プロポーザル最優秀賞（2013年）、英国LEAF Awards 3部門最優秀賞（2013年）、「バウンダリー・ハウス」で日本建築家協会賞と日事連建築賞（2014年）、ARCASIA 2015で金賞を受賞。主な著書に、『Tomorrow 建築の冒険』（TOTO出版）、『アトリエ・天工人／素材・構法からの建築』（彰国社）。1995年の阪神淡路大震災から復興支援を続け、2011年の東日本大震災の復興支援もNPO法人の理事長としてサポートし続けている。

山梨知彦　やまなし・ともひこ

1984年東京芸術大学建築科卒業。1986年東京大学大学院修了。日建設計に入社。現在同社常務執行役員、設計部門副統括。建築設計の実務を通して、環境建築やBIMやデジタルデザインの実践を行っているほか、木材会館などを通じて、「都市建築における木材の復権」を提唱している。代表作に「木材会館」「ホキ美術館」「NBF大崎ビル（旧ソニーシティ大崎）」ほか。「日本建築大賞（ホキ美術館）」、「日本建築学会作品賞（NBF大崎ビル）」などを受賞。

水野吉樹　みずの・よしき

1960年愛知県名古屋市に生まれ。1983年日本大学理工学部建築学科卒業。198年同大学大学院理工学研究科建築学専攻修士課程修了。1985年竹中工務店に入社、現在同社東京本店設計部部長。2007年日本建築学会作品選奨「竹中工務店東京本店新社屋」、2008年日本建築学会作品選集「身延山久遠寺参詣者トイレ」、2010年東京建築賞最優秀賞「FLATS東陽」、2013年第16回木材活用コンクール全国木材組合連合会会長賞「富岡八幡宮 仮設観覧所・休憩所」、2014年グッドデザイン特別賞（復興デザイン賞）「女川町営運動公園住宅」授賞など。

野口貴文　のぐち・たかふみ

1961年倉敷生まれ。1988年東京大学大学院工学系研究科建築学専攻中退。東京大学助手、カリフォルニア大学バークレー校客員研究員、東京大学准教授を経て、2014年より東京大学教授。1995, 97 00, 09年にセメント協会・論文賞受賞、2007年に日本建築仕上学会・論文賞受賞。2013年に『Sustainable Use of Concrete』（CRC Press）で土木学会・出版文化賞受賞など、多数受賞。著書に、『Stock Management for Sustainable Urban Regeneration』（共編著、Springer）、『アーバンストックの持続再生―東京大学講義ノート』（共編著、技報堂出版）、『ベーシック建築材料』（共著、彰国社）など。

佐藤淳　さとう・じゅん

1970年 愛知県生まれ、滋賀県育ち。1995年 東京大学大学院修了。1995～1999年木村俊彦構造設計事務所勤務。2000年 佐藤淳構造設計事務所設立。現在、東京大学准教授、佐藤淳構造設計事務所顧問。主な作品にクリスタル・ブリック、Sunny Hills at Minamiaoyama。2009年地域資源活用総合交流促進施設で日本構造デザイン賞受賞。

輿石直幸　こしいし・なおゆき

1964年東京生まれ。1993年早稲田大学大学院理工学研究科建設工学博士後期課程単位取得退学。1995年博士（工学）学位取得。1996年早稲田大学専任講師、1998年同助教授、2010年同教授（現職）。建築材料学を専門とし、主として伝統土壁の左官材料・工法、土素材の高度利用、木造住宅の防水・雨仕舞、木質建造物の劣化診断、陸屋根防水の材料・工法に関する研究に従事。

松岡恭子　まつおか・きょうこ

九州大学卒業、東京都立大学大学院、コロンビア大学大学院修士課程修了。ニューヨーク、台湾を経て現在は福岡を拠点に、建築、プロダクト、土木建造物と幅広いデザインを通してまちづくりに参画。国内外の多くの大学でデザイン教育にも携わってきた。日本土木学会田中賞、日本建築学会建築九州賞作品賞、福岡県文化賞、グッドデザイン賞など受賞。NPO法人福岡建築ファウンデーションの理事長も務める。

松井郁夫　まつい・いくお

1955年福井県大野市生まれ。1979年東京芸術大学環境造形デザイン修了。町並み保存に参画。現代計画研究所、藤本昌也氏に師事。都市計画担当。1982年大工棟梁に弟子入り、木組を学ぶ。1985年松井郁夫建築設計事務所設立。大河直躬先生に古民家調査を学ぶ。2003年山と職人と住まい手をつなぐワークショップ「き」組、グッドデザイン賞受賞。内閣府地域伝道師。古河市篆刻美術館（登録文化財）、著書に「木造住宅【私家版】仕様書」（エクスナレッジ）、「〈木組の家〉に住みたい！」（彰国社）など。

三宅理一　みやけ・りいち

1948年東京生まれ。東京大学工学部建築学科卒業、同大学院修士課程を経て、パリ・エコール・デ・ボザール卒業。工学博士。芝浦工業大学、リエージュ大学、慶應義塾大学、パリ国立工芸院で教鞭を執り、2010年より藤女子大学、副学長を経て、現在、同教授。建築史、地域計画、遺産学を専攻。主要著書として「限界デザイン―生存のためのグローバル戦略」（TOTO出版）、「デザインで読み解くフランス文化、クロニクル1960」（六耀社）など多数。瀋陽市ユネスコ世界遺産登録の業績に対して瀋陽市栄誉市民、日仏学術交流の業績に対してフランス政府より学術教育功労勲章（オフィシエ等級）を授かる。

編集後記

アトリエ・天工人の代表である山下保博さんが、２０１３年に「地域素材利活用協会」という一般社団法人を立ち上げた。その目的は、「頭で考える人々、実現化する人々が力を合わせ、様々な地域に眠っている素材や構法を再編集・新開発することにより、その地域に仕事をもたらすこと」である。つまり街おこしをするには、まずは仕事をつくる必要があり、そのためには眠っている資源や技術を利活用することで、ビジネスが生まれれば、そこに自然に人々が集まり、街が形成されていく。その仕掛けづくりのための、新たな仕組みづくりの提案であるが、「素材×地域」という図式で、例えば「シラス×鹿児島」（山下保博）で、調湿性があるシラスの素材特性を活かしたコンクリートになる。そのコンクリートを使った住宅が２０１５年３月に完成した。ほかにも「雨水×都心」（山梨知彦）、「木材×東北」（水野吉樹）など、眠っている素材や技術が各地域にある。チソカツ（地域素材利活用）は廃棄物や「みすてられたもの、そこいらにあるもの、うつろいゆくもの」にもう一度光をあて、目にとめようとしなかった素材や技術、それらを価値あるものに変える、いわば錬金術であるともいえる。実現に向けて動き出しているチソカツは説得力があり、この本はいうなれば有効な手引書（指南書）である。

右肩下がりになってしまった日本の経済状況を少しでも上向きにするには、地域ごとの独自の活動が重要であると考えている。日本には優れた伝統技術があり、その地域で採れる素材を有効活用してきた。その地域の中で、すでに常識化されてしまった資源や技術を外からの違った視点で捉えることで、新しい価値を生み出すことができる。それによって地域に新しい産業が生まれ、仕事をもたらす。そのヒントになればと思い、この本を企画した。今後もこの協会の活動を「チソカツ」シリーズ本としてまとめていく予定である。

最後にこの本の企画を刊行までに導いていただいた鹿島出版会の相川幸二さん、本文原稿を起こしていただいインタビュアーの内田丘子さん、編集にご協力いただいたアトリエ・天工人の松野勉さんと山本祐美さん、それと装丁と本文デザインの山口信博さんと宮巻麗さん、本書掲載の写真撮影・図版制作にご協力いただいた多くの方々に深く感謝いたします。

鈴木紀慶

◎チソカツ・シンポジウム活動記録
第1回シンポジウム（テーマ：地域素材と建築、山下保博、山梨知彦、水野吉樹）2014年7月26日　かごしま県民交流センター大ホール
第2回シンポジウム（テーマ：チソカツがみんなを元気にする、山下保博、山梨知彦、水野吉樹、松岡恭子）東京・新木場　木材会館
JIA金沢大会（テーマ：地域素材×建築、山下保博、佐藤淳、野口貴文、松岡恭子）2015年9月19日　金沢21世紀美術館・シアター21
◎インタビュー記録（インタビュアー：内田丘子）
山梨知彦／2015年12月7日（東京・日建設計）収録、水野吉樹／2015年12月14日（竹中工務店東京本店）収録、山下保博／2015年12月18日（アトリエ・天工人）収録

◎写真クレジット

傍島利浩　p18-19, p20-21, p27

Jérémie Souteyrat　p26

白井晟一建築研究所　p33

鈴木紀慶　p42

Ying Xu　p51

野田東徳（雁光舎）　p71, p72-73, p74-75, p79, p80, p81, p82, p85, p88

渡邉雄三　p97

山崎睦昌　p99

岡本公二　p100

ミヤガワ　p106, p106-107, p113, p114, p128

畑 拓　p110-111

水野吉樹　p112, p119, p120上,

光齋昇馬（アルテフォトスタジオ）　p115

勝田尚哉（カツタ写真事務所）　p120下, p121上

秋山裕子　p121下

吉村行雄　p124

小川泰祐　p127, p129

沖 浩之　p132上

富田眞一（FIELDRICH　富田眞一写真事務所）　p132下

カバー・表紙・本文デザイン：山口信博＋宮巻 麗

編集ディレクション：鈴木紀慶

本文DTPレイアウト：スズキeワークス

印刷・製本：壮光舎印刷

チソカツ（地域素材利活用《ちいきそざいりかつよう》）の術《じゅつ》

みすてられたもの　そこいらにあるもの　うつろいゆくもの

発行：二〇一六年五月二〇日　第一刷発行

著者：山下保博《やましたやすひろ》・山梨知彦《やまなしともひこ》・水野吉樹《みずのよしき》

発行者：坪内文生

発行所：鹿島出版会

〒一〇四-〇〇二八

東京都中央区八重洲二丁目五番一四号

電話：〇三-六二〇二-五二〇〇

振替：〇〇一六〇-二-一八〇八八三

Printed in Japan

ISBN：978-4-306-04639-9　C3052

本書の内容に関するご意見・ご感想は左記までお寄せください。

URL：http://www.kajima-publishing.co.jp

E-mail：info@kajima-publishing.co.jp